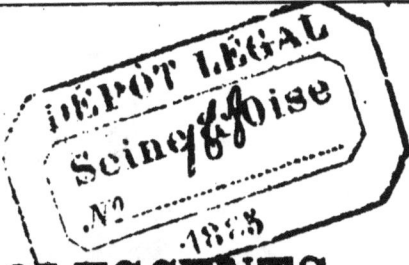

LE
MONDE DES ADOLESCENTS

PAR

VICTOR HENRION

INSPECTEUR DE L'ENSEIGNEMENT PRIMAIRE

AUTEUR DE PLUSIEURS OUVRAGES CLASSIQUES

Cet ouvrage fait suite à *la Science des Enfants* et à la *Méthode de lecture* du même auteur.

> « L'adolescence est l'âge de la commisé-
> ration, de la clémence, de la générosité.
> Un enfant qui n'est pas mal né et qui a
> conservé jusqu'à l'âge de vingt ans son
> innocence, est, à cet âge, le plus géné-
> reux, le plus aimant et le plus aimable
> des hommes. »   J.-J. ROUSSEAU.

DOUZIÈME ÉDITION

PARIS

LIBRAIRIE CLASSIQUE EUGÈNE BELIN
Vᵉ EUGÈNE BELIN ET FILS

RUE DE VAUGIRARD, Nº 52

1885

Tout exemplaire de cet ouvrage non revêtu de ma griffe sera réputé contrefait.

SAINT-CLOUD. — IMPRIMERIE Vᵉ EUG. BELIN ET FILS.

PRÉFACE.

La vie de l'homme se divise en trois grandes périodes : ENFANCE, ADOLESCENCE, AGE MUR.

Il en est de même de la vie de l'écolier : chez lui, l'enfance se compte de cinq à huit ans ; l'adolescence comprend les trois années qui suivent, et l'âge mûr embrasse l'espace qui s'écoule entre la onzième année et l'entrée en apprentissage.

Le Monde des adolescents est donc écrit pour les élèves de huit à onze ans, et non pour les jeunes gens de quatorze à vingt-cinq ans, qui sont les adolescents de la vie humaine.

Dans l'ouvrage intitulé *la Science des Enfants* j'ai dit, en m'adressant aux instituteurs : « Gardez-vous de faire lire à vos élèves des contes bleus ou roses, qui faussent le jugement. »

Je n'ai pas rigoureusement observé ce précepte avec les adolescents, parce que le danger n'existe plus au même degré, et parce que le caractère même de l'élève est sensiblement modifié.

L'enfant ne voit que le monde réel, ce qui frappe ses yeux, ses sens. Pour l'adolescent, au contraire, le monde matériel, physique, n'existe plus. Son imagination, qui vient de naître pourtant, ne connaît plus les distances et le transporte dans un monde infini, idéal et chimérique ! Sa vie alors est un long sommeil rempli des rêves les plus bizarres, les plus étranges, les plus fantastiques.

Eh bien! faut-il prolonger ce sommeil en l'entretenant par des fables, des récits excentriques? Non certainement.

Faut-il alors éveiller brusquement le dormeur et lui faire voir la réalité? Non encore.

Il faut peu à peu dissiper la trompeuse illusion, les ténèbres enchanteresses.

Il faut montrer la lumière par degrés imperceptibles, afin de ne pas causer d'éblouissement.

Il faut enfin, et insensiblement, faire passer l'adolescent de la vie contemplative à la vie militante.

C'est ainsi que j'ai procédé.

J'ai commencé par un conte vraisemblable, destiné à disperser les ombres de la nuit et à montrer la voie du salut au jeune voyageur égaré.

J'ai continué par des leçons auxquelles j'ai mêlé des historiettes, des légendes, des traits d'histoire, afin de ramener sur la terre l'étourdi lancé dans les nuages.

Enfin les grands mots de *Dieu, Famille, Patrie*, ont complété le réveil : ils terminent le monde des adolescents et sont l'introduction au *Monde des hommes*.

Victor HENRION.

LE
MONDE DES ADOLESCENTS

CHAPITRE PREMIER.

LA FAMILLE.

AMOUR DES PARENTS POUR LEURS ENFANTS. — HISTOIRE D'UN
ROUGE-GORGE ET D'UN BUCHERON. — LÉGENDE DU ROUGE-
GORGE.

> « Honore ton père et ta mère, afin que tu vives
> » longtemps sur la terre que le Seigneur, ton
> » Dieu, te donnera. » (*Décalogue.*)

LE MAÎTRE. — Lorsque j'étais comme vous un petit écolier de huit à dix ans, le frère aîné de mon père, qui avait été longtemps soldat et qui était alors garde-forestier, venait me chercher tous les jeudis, et ensemble nous parcourions, durant des journées entières, les vastes forêts qui entourent notre village. Vers midi, nous dînions à l'ombre d'un vieux chêne ou d'un vieux hêtre, au gazouillement joyeux des

oiseaux, au bourdonnement bizarre des insectes, au parfum embaumé des fleurs sauvages. Après notre dîner, toujours très-court
mais toujours excellent, la marche nous ayant
donné de l'appétit, mon oncle, un véritable
savant, qui avait beaucoup vu, beaucoup observé, et qui, de plus, était un grand cau-
seur, m'expliquait les qualités de toutes les
plantes que nous trouvions sur notre passage,
et souvent aussi me racontait des histoires.
Combien en ai-je entendu de ces histoires
charmantes et, mon Dieu, combien en ai-je
oublié, dans les longues et nombreuses années qui se sont écoulées pour moi depuis
cette époque! Mais pourtant quelques-unes
d'entre elles me sont restées à la mémoire;
je vous les raconterai, à mon tour, quand vous
aurez été bien sages; et pour vous y inviter,
vous y exciter, je commence dès aujourd'hui,
et par celle qui m'a toujours paru l'une des plus
belles : *l'histoire d'un rouge-gorge et d'un bûcheron;* ce sera notre entrée dans le *Monde des
adolescents.*

HISTOIRE D'UN ROUGE-GORGE ET D'UN BUCHERON.

— Connais-tu ce petit oiseau à la voix si fraîche, si pure, si gentille, qui voltige dans les épais fourrés de ces buissons d'aubépine, me dit mon oncle?

— Oh! mais oui, et il y a longtemps, répondis-je en riant : c'est un rouge-gorge qui s'approche aussitôt que nous nous asseyons sur l'herbe, et qui paraît vouloir causer avec nous; je le remarque chaque fois que nous parcourons la forêt.

— Tu es déjà quelque peu observateur alors, et je le vois avec plaisir; car tout doit être un objet d'étude pour le sage.

Mais, puisque tu connais l'oiseau, connais-tu aussi sa légende?

— Non certainement, mon oncle, car vous ne m'en avez jamais parlé.

— Alors écoute, je vais te la dire; elle est simple, touchante et instructive, et quand tu l'auras entendue, tu comprendras qu'en s'approchant de nous, lorsqu'il nous aperçoit, le rouge-gorge, comme toutes les créatures de ce monde, accomplit la mission que Dieu lui a donnée.

Notre-Seigneur, attaché à l'arbre de la croix, allait mourir, et pour se moquer de lui, ses bourreaux venaient de lui mettre sur la tête une couronne faite d'épines qu'ils avaient cueillies à un rosier sauvage qui croissait sur le bord du chemin.

Dans ce même rosier, un petit oiseau chanteur, et que l'on appelait alors le *buissonnier,* parce qu'il vit dans les buissons, avait placé son nid, car on était au printemps. Chassé de son asile protecteur et de sa demeure chérie, mais détruite, il s'envola sur la croix et de son faible bec se mit à arracher une à une les épines qui déchiraient la tête du Sauveur. A ce moment il se fit un grand bruit; le tonnerre gronda avec fureur, la terre trembla et menaça d'engloutir les hommes : le Christ venait d'expirer, et la dernière goutte de son sang divin était tombée sur la gorge et la poitrine du petit buissonnier. Alors on entendit dans le Ciel une voix qui dit : Petit rosier, tu croîtras dans tous les lieux du monde pour réjouir la vue de l'homme et lui remettre l'espérance au cœur :

je te bénis. Petit oiseau, je te bénis ; tu seras le consolateur du pauvre dans sa chaumière, du malheureux dans sa douleur.

Et c'est depuis cette époque que l'on trouve des rosiers dans toutes les contrées de la terre. C'est depuis cette époque encore que le buissonnier porte sur la gorge et la poitrine cette tache rouge qui lui a valu le nom de rouge-gorge... C'est depuis cette époque enfin que le rouge-gorge est l'ami du charbonnier, du sabotier, du bûcheron de la forêt, du pauvre, comme l'a dit la voix céleste. — Telle est la légende du rouge-gorge.

Comprends-tu alors pourquoi il s'approche de nous lorsque nous nous arrêtons à causer ?

— Oui, mon oncle, vous l'avez dit, c'est pour accomplir la mission que Dieu lui a donnée.

— Maintenant que tu sais la légende, je vais te raconter ce que m'a répété souvent un vieil ami, le bûcheron Jacques, qui est mort il y a longtemps déjà et que tu n'as pas vu, mais dont tu connais les deux petits enfants, Charles et Joseph Perrin, qui sont tes camarades de classe.

— Et de bons élèves surtout.

— Oui, et j'en suis enchanté pour leur mère et leur père, qui sont d'honnêtes gens et de laborieux travailleurs. Par le récit de Jacques tu apprendras combien l'exemple des animaux peut nous être utile, nous servir de guide même.

Il y a une vingtaine d'années, Jacques demeurait avec sa famille, composée de sa vieille mère, de sa femme et de sept enfants, au milieu de la forêt aux grands lacs qui se trouve dans la chaîne des Vosges, où j'exerçais mes fonctions de garde à cette époque.

Longtemps avant que le soleil fût levé, Jacques était à sa rude besogne, et longtemps après qu'il avait disparu du ciel, l'on entendait encore résonner dans le lointain les coups de hache du vaillant ouvrier. Alors seulement que la nuit était venue, il quittait son travail, rentrait à la maison avec ses enfants qui accouraient à sa rencontre, joyeux, heureux comme on l'est à cet âge; Jacques aussi était heureux parce qu'il était bon, honnête, travailleur, et que Dieu bénit le travailleur.

Sous le toit même de la cabane du bûcheron, un charmant oiseau, un rouge-gorge avait fait son nid, et du matin au soir, perché sur les arbres du voisinage, il répétait gaiement sa petite chansonnette. Il était comme de la famille, et les jeux des enfants ne l'effarouchaient nullement. Il allait becqueter avec les poules, entrait dans l'étable de la chèvre, furetait partout, cherchant des mouches, des araignées, des cadavres d'insectes...

Aussi les enfants l'aimaient-ils, et se seraient bien gardés de toucher à une seule de ses plumes. C'était lui qui les éveillait par son chant matinal, et, lorsqu'ils avaient dit ensemble la prière du soir, c'était encore au chant du rouge-gorge qu'ils s'endormaient de ce sommeil doux, tranquille et gracieux, que dorment seuls les enfants, les oiseaux et les fleurs.

— Jacques, dit un soir la vieille mère, qui était restée seule à veiller avec son fils, il y a longtemps déjà que tu travailles pour M. Bastien de Froment.

— Il y a plus de vingt ans, ma mère.

— Et pendant ces vingt années, M. Bastien n'a-t-il pas eu quelquefois à se plaindre de toi, continua la vieille mère en souriant ?

— Jamais, ma mère, répondit fièrement le

bûcheron, parce que si j'ai toujours été un ouvrier pauvre, comme mon père, vous le savez, j'ai toujours été un ouvrier honnête, dans ma conduite et dans mon travail.

— Je le sais, Jacques, et j'en remercie Dieu tous les jours. Dis-moi encore, te rappelles-tu cette matinée si froide de l'hiver dernier; c'était le saint jour de Noël... un petit oiseau transi, engourdi, demi-mort, est venu se reposer sur l'appui de notre fenêtre et s'est mis à frapper légèrement de son bec sur les carreaux couverts de gelée?

— Oui, ma mère, et je me rappelle aussi que vous m'avez dit : « Ouvre la fenêtre à cet oiseau, mon enfant; c'est le jour de la naissance de Notre-Seigneur, et il ne faut pas qu'en ce saint jour, une des créatures du bon Dieu souffre de la faim et du froid, si nous pouvons lui venir en aide. » Je vous obéis, ma mère, et l'oiseau entra, timide d'abord, puis s'enhardit, devint familier, et demeura avec nous jusqu'au printemps. C'est, je le crois, ce même rouge-gorge, qui a construit son nid sous le chaume de notre pauvre demeure, et j'en suis bien heureux, car il amuse les enfants par sa gentillesse;

il m'amuse moi-même, et il nous paie large-
ment de l'hospitalité que nous lui avons accordée.

— Tu vois, mon fils, qu'une bonne action,
s'adressât-elle à un oiseau, porte toujours
avec elle sa récompense. Tu as été charitable
pour le rouge-gorge, on le sera pour toi. Et
penses-tu que M. Bastien, ton patron, qui te
connaît depuis longtemps, qui t'estime, sans
doute, puisque tu le sers avec probité, ne viendrait pas à ton secours dans le besoin, comme
tu es venu au secours de l'oiseau mourant?

— Oh! ma mère, M. Bastien ferait pour moi
tout ce que je lui demanderais, j'en suis bien
certain; car il sait qu'il peut compter lui-même
sur tout mon dévouement.

— En ce cas, je suis tranquille, et je n'ai
plus qu'une chose à te demander, la permission
d'aller voir M. Bastien.

— Aller voir M. Bastien... et pourquoi, ma
mère... avez-vous donc besoin de son aide?

— Jacques, dit la vieille mère, en regardant
le bûcheron avec amour, ta femme, la mère de
tes enfants, s'est couchée avant ton retour...

— Je le sais, ma mère, elle était fatiguée,

m'a-t-elle dit, et je le comprends; la courageuse femme, ma vaillante Marguerite, a tant à faire avec tous ses enfants...

— Jacques, répéta la vieille mère, en prenant dans les siennes les rudes mains de son fils, ta femme est un ange, une martyre... depuis trois jours elle n'a pris pour nourriture que quelques gouttes du lait de la chèvre...

— Ma mère, s'écria Jacques le cœur déchiré, je n'ose vous comprendre...

— Ta femme, t'ai-je dit, est une martyre : depuis trois jours elle n'a pris pour nourriture que quelques gouttes du lait de la chèvre, afin de ne priver de rien, ni ses enfants qui sont si jeunes, ni toi qui travailles, car il n'y a plus dans la huche que quelques poignées de farine et un pain, dans la cave, que quelques pommes de terre...

— Mais vous, ma mère, vous avez souffert aussi de la faim, je le vois à votre pâleur.

— Moi, je suis vieille, il me faut peu, tu le sais...

— Mais pourquoi donc Marguerite ne m'a-t-elle pas dit la vérité plus tôt ?

— Marguerite est ta femme, moi je suis ta

mère... une mère peut tout dire à son fils; une femme est moins hardie qu'une mère. Tu me permets maintenant d'aller voir ton patron?...

— Non, ma mère, non; le voyage est trop long, les chemins sont trop mauvais, et vos forces sont trop épuisées pour entreprendre une pareille course. Demain, je me lèverai avant le jour, et je me hâterai, afin de perdre le moins de temps possible.

CHAPITRE II.

LA FAMILLE (suite).

L'OUVRIER HONNÊTE. — CE QUE PEUT L'AMOUR D'UNE MÈRE.

LE MAÎTRE. — La mère du bûcheron ne répondit rien, et comme il était tard, elle alla se coucher, remplie de confiance en la bonté de Dieu, qui n'abandonne jamais le malheureux qui l'implore. Mais elle souffrait horriblement des souffrances de son fils qui adorait sa famille, elle le savait, mais qui allait être forcé à un terrible sacrifice, en allant demander à M. Bastien une avance sur son salaire. Jacques se coucha aussi, triste, abattu, presque désespéré. Il ne dormit point, et, comme il l'avait dit, avant le jour il était debout. Le temps était superbe, le soleil allait paraître, et l'on entendait déjà au loin ces bruits sourds qui annoncent le réveil général des êtres de la nature.

Le rouge-gorge aussi était levé : alerte, vif, pétillant, il voletait dans les buissons, puis revenait promptement à son nid. A peine y avait-il fait une courte apparition qu'il repartait, faisant parfois d'assez longues absences, puis revenait à tire-d'ailes pour repartir aussitôt.

Jacques observait silencieusement, mais tristement, ces allées et ces venues.

— Il ne chante plus, se dit-il à lui-même... Qu'a-t-il donc? Sa femelle serait-elle morte ou malade? Encore un nouveau malheur pour moi : le chant de ce petit oiseau me faisait oublier mes peines, me réjouissait même, ainsi que mes enfants... Maintenant, il ne me restera plus de distraction après mon travail.

A ce moment l'oiseau revenait à son nid, portant dans son bec une chenille verte, et aussitôt des cris joyeux et impatients se firent entendre.

— Il a des petits, une famille à nourrir, pensa Jacques, et il se mit à réfléchir profondément. Voyons si je me trompe, continua-t-il, se parlant à lui-même; et appliquant une chaise contre la cabane, il s'éleva jusqu'à la hauteur du nid. Comme il l'avait deviné, l'oiseau avait une famille : cinq petits, sans plumes encore, mais déjà doués du plus robuste appétit.

Alors une révolution subite s'opéra dans le cœur du bûcheron; il courba la tête et versa des larmes abondantes.

Il a une famille, répéta-t-il, c'est pour cela qu'il ne chante plus; il n'a plus de temps à lui; il faut qu'il parcoure la forêt et la campagne pour trouver la nourriture que réclament, à chaque instant, ces cinq charmantes créatures que je viens d'apercevoir. Il ne chante plus; il a donc su faire à sa famille le sacrifice de ses plaisirs... et moi, j'hésitais à faire le sacrifice de mon orgueil.

Et, prenant une résolution soudaine, calme, presque joyeux, Jacques se mit en route pour le chef-lieu du village où demeurait son patron, M. Bastien.

M. Bastien le reçut, non comme un mercenaire, mais comme un vieil ami.

— Pourquoi n'es-tu pas venu plus tôt, dit-il au bûcheron, en lui serrant énergiquement la main... Ne suis-je pas ton obligé moi-même depuis plus de vingt ans. Allons, mets-toi à table, nous déjeunerons ensemble d'abord, puis tu me diras ce qu'il te faut en farine, pommes de terre... pour vivre jusqu'à la récolte prochaine, et Jean, mon domestique, t'accompagnera avec la charrette. Tu me rendras tout cela quand tu le pourras. Les hommes ne sont-ils pas frères, et ne doivent-ils pas s'entr'aider? Qui sait si, demain, je n'aurai pas besoin de toi? Me refuserais-tu alors le service que je te demanderais?

— Oh! certes non, monsieur Bastien, ni à vous ni à personne, car je n'ai jamais autant de bonheur que de pouvoir obliger quiconque s'adresse à moi.

— Et penses-tu donc qu'il n'en soit pas ainsi de moi et de tous les gens qui te connaissent? L'honnête ouvrier qui tous les jours accomplit ses devoirs consciencieusement, comme tu le fais, ne doit jamais rougir, s'il se trouve dans le besoin. Il doit sans crainte, sans fausse honte, avoir recours au maître qui l'emploie ; souvent, mon cher Jacques, souvent la charité honore plus celui qui la reçoit que celui qui la fait.

Jacques ne se sentait pas de contentement en entendant ces nobles paroles, qui le rehaussaient dans sa propre estime. Il pensait à la joie qu'éprouveraient, à son retour, sa mère, sa femme, ses enfants, et il ne pouvait dire un seul mot.

M. Bastien, qui ne voulait pas le retenir trop longtemps éloigné de sa famille, le laissa bientôt repartir avec ses provisions, après lui avoir de nouveau répété que l'ouvrier pauvre, mais laborieux et honnête, est le plus estimable des hommes.

L'âme remplie de joie, le bûcheron rentra à sa cabane où l'attendaient les caresses de sa famille. Cet homme avait le cœur si bon, qu'il ne pensa même pas à adresser le plus léger, le plus tendre reproche à Marguerite, sa digne femme, qui avait exposé sa santé et sa vie pour ne pas causer la moindre privation à ses enfants.

Le lendemain, dès le matin, Jacques se remit à son travail avec plus d'ardeur que jamais et redevint gai comme autrefois. Comme autrefois, sa voix sonore fit retentir de ses chants les joyeux échos de la forêt. A l'époque des récoltes, il voulut rendre à M. Bastien ce qu'il lui avait emprunté ; mais M. Bastien lui dit :
« Garde pour toi ce que je t'avais prêté ; mais, si un

jour un malheureux vient implorer ton assistance, fais pour lui ce que j'ai fait pour toi : c'est ainsi que doit se pratiquer la charité évangélique. »

Jacques n'insista pas et résolut de suivre les conseils de son excellent patron.

Il continua à être bon ouvrier, éleva ses enfants dans la crainte du mal, dans l'amour et la pratique du bien et du devoir, dans le respect de la famille : aussi furent-ils, comme lui, des modèles de conduite, de travail et de piété.

Et longtemps après, lorsqu'il me parlait de cette pénible circonstance de sa vie, il n'oubliait jamais d'ajouter : « Ainsi l'exemple d'un rouge-gorge m'a rendu le courage qui allait peut-être m'abandonner ! Oui, les moyens que Dieu emploie pour nous ramener à lui sont admirables ! Et le vrai bonheur n'existe que dans le devoir, quelque difficile qu'il paraisse à remplir. »

Là, se termine l'histoire du bûcheron et du rouge-gorge que me racontait mon vieil oncle, le garde forestier.

Tous les Enfants. — Et comme vous l'avez dit, Monsieur, elle est bien touchante.

Le Maître. — Et bien instructive, surtout pour celui qui sait comprendre ce qu'a dû souffrir cette bonne mère qui s'immole pour ses enfants; cette bonne grand'mère, dont les forces sont affaiblies par les années, et qui pourtant, elle aussi, consacre à ses petits-enfants le peu de jours qui lui restent ; cet excellent père, toujours à son travail, et qui ne peut subvenir aux besoins de sa nombreuse famille.

Comme l'exemple du bien vaut mieux que tous les préceptes, écoutez une autre histoire, qui vous montrera encore de quel dévouement sont capables nos mères.

Au mois d'octobre de l'année 1868, un grand vaisseau français, après avoir vainement lutté durant plusieurs heures contre la plus effroyable tempête, près des côtes du Morbihan, finit par être jeté entre deux rochers ; la partie inférieure s'ouvrit brusquement et donna passage à l'eau qui monta, rapide et terrible ; mais la partie élevée de l'arrière demeura à l'abri du danger. Croyant que tout était perdu sans ressources, les marins et les voyageurs, se pressant, se poussant pêle-mêle comme des gens égarés, descendirent dans des barques, se dirigèrent vers la terre et furent sauvés.

La tempête dura toute une semaine, et ce ne fut que le huitième jour après, que des pêcheurs purent s'approcher, sur de petits bateaux, du vaisseau à demi renversé et presque entièrement brisé. Quelle ne fut pas leur surprise, en visitant une chambre qui avait été préservée de l'eau parce qu'elle se trouvait au-dessus du niveau de la mer, d'y trouver une jeune femme

étendue morte, pressant contre son cœur une petite
fille encore vivante. Cette enfant suçait avec avidité
quelques gouttelettes de sang qui sortaient de plusieurs
blessures que sa mère s'était faites au bras avec une
grosse épingle.

Les pêcheurs donnèrent des soins à la pauvre petite
créature, et l'adoptèrent comme leur fille. Mais un
portrait que la jeune femme portait à son cou fit retrouver sa famille, et l'orpheline lui fut rendue.

Les pêcheurs pleurèrent beaucoup à son départ et
demandèrent de revoir quelquefois l'enfant qui avait
été sauvée d'une manière si miraculeuse.

Ils la revirent souvent, comme ils l'avaient désiré :
devenue grande, l'orpheline eut toujours pour les pêcheurs l'attachement, l'affection, la tendresse que l'on
a pour des parents chéris, adorés.

Les enfants. — Comment donc, Monsieur, cette
femme était-elle restée seule sur le vaisseau avec son
enfant?

Le Maître. — Au moment du naufrage, cette femme
avait sans doute imité les autres voyageurs et les
marins, et avait cherché précipitamment un refuge
dans les barques; mais gênée par son enfant, qu'elle
tenait dans ses bras, elle n'avait pu arriver à temps ou
n'avait pas voulu s'exposer avec lui sur la mer au milieu
de la tempête.

C'est ainsi que s'explique sa présence sur le navire...

Peut-être encore espérait-elle que le lendemain, lorsque les vents seraient calmés, on viendrait à son secours! Mais que d'angoisses elle a dû éprouver, en voyant les jours s'écouler, ses forces s'épuiser, et en se sentant mourir de faim et de soif. C'est alors que pour prolonger la vie de son enfant, elle s'est piqué les veines et lui a fait boire son sang... et toutes les mères sont capables de ce dévouement!

Oui, toutes les mères en sont capables, et l'histoire abonde en faits de ce genre. On en trouve chez les païens, comme chez les chrétiens; chez les peuples les plus barbares, comme chez les nations les plus civilisées; chez les animaux mêmes les plus sauvages et les plus féroces, comme chez le cheval, ce modèle de la docilité, comme chez le chien, cet autre modèle de la douceur, de la soumission, de la fidélité.

Ai-je besoin maintenant, mes enfants, de vous dire de quel amour vous devez aimer vos parents, de quelle vénération vous devez les entourer, comme vous devez chercher, dans toutes vos actions, dans toute votre conduite, à satisfaire leurs moindres désirs et à leur rendre, autant que vous le pouvez, les trésors de tendresse qu'ils vous prodiguent à chaque instant. Mais, vous êtes des enfants sages et vous serez des hommes honnêtes, parce que (ne l'oubliez pas) on est toujours dans son âge mûr ce que l'on a été dans sa jeunesse!

CHAPITRE III.

———

LA FAMILLE (suite).

RESPECT ET AMOUR DES ENFANTS POUR LEURS PARENTS. — UN
BON FILS. — NAPOLÉON Ier ET LA VIEILLE FEMME DE SAINTE-
HÉLÈNE.

> « Cours au désert, mon fils, observe la cigogne ;
> » elle porte sur ses ailes son père âgé ; elle le
> » soigne dans ses infirmités ; elle pourvoit à tous
> » ses besoins. La piété d'un fils pour son père est
> » plus douce que l'encens de Perse offert au soleil,
> » plus délicieuse que les parfums qu'un vent chaud
> » fait exhaler des plantes aromatiques de l'Ara-
> » bie. »
>
> *(Légende arabe.)*

LE MAÎTRE. — Après vous avoir montré, par les deux
petites histoires que je vous ai dites, de quel amour
nos parents nous entourent, il est bien juste que, pour
vous tracer votre ligne de conduite, je vous cite également quelques traits d'amour filial. Ils ne sont pas
rares, et je n'ai qu'à choisir ; mais je me bornerai à
deux exemples, dont l'un sera pris parmi le peuple,
c'est-à-dire dans le monde auquel nous appartenons
tous, et dont l'autre sera tiré de la classe la plus élevée
de la société.

Fils d'un pauvre journalier de la campagne, le soldat

Duras, après vingt ans de services, était arrivé, par une conduite exemplaire, un travail persévérant et une bravoure sans égale, au grade de capitaine dans l'armée française, à une époque où la noblesse seule pouvait parvenir aux honneurs. Depuis longtemps, il n'avait vu sa famille, parce que l'on était en guerre et qu'il eût été impossible d'obtenir un congé de quelques jours. Son père, déjà vieux, déjà courbé, quoique fort et énergique encore, mais comme malade du désir de revoir son fils, résolut de se rendre au camp où se trouvait le régiment. Il se mit en voyage, le bâton de coudrier à la main et vêtu du costume du manouvrier : blouse bleue, pantalon de toile, souliers, solidement ferrés.

Le capitaine Duras dînait avec les officiers, ses amis, lorsqu'on vint lui annoncer qu'un paysan voulait absolument lui parler.

—Faites-le entrer, dit Duras.

Et aussitôt le vieillard fut introduit dans la salle à manger.

A sa vue, à son air embarrassé, à sa figure étonnée, ébahie, les jeunes officiers furent pris d'un fou rire. Mais le capitaine Duras ayant reconnu son père, courut à lui, se jeta dans ses bras en pleurant, lui demanda des nouvelles de sa mère, de ses sœurs, de ses parents, de ses amis. Les jeunes officiers, qui étaient tous des hommes bien élevés, mais étourdis, légers, comprirent alors leur faute, et pour la réparer, ils serrèrent la main au vieillard, le firent asseoir à leur table et lui témoignèrent toute sorte de respect.

Le lendemain Duras conduisit son père chez le colonel, qui le reçut avec bonté et déférence, et qui informa le roi de la digne et belle conduite de Duras. Le roi fit venir Duras, et le présentant à ses ministres : « Messieurs, dit-il, voilà le plus brave soldat de mon armée et le plus honnête homme de mon royaume. »

Le roi alloua alors une pension au père de Duras, qui vécut longtemps encore, toujours heureux, parce qu'il resta toujours attaché à ses devoirs de bon citoyen et de bon père de famille.

Quant à l'officier Duras, le roi le nomma capitaine de ses gardes du corps, et il n'en parlait jamais qu'avec une profonde admiration : « Duras, disait-il souvent à ses courtisans, en embrassant son vieux père, vêtu comme le plus misérable des paysans, s'est montré dix fois plus brave qu'en marchant à l'ennemi. Pour marcher à l'ennemi, il suffit souvent d'un moment de courage ; pour affronter les plaisanteries, les risées, les railleries du monde, il faut être un noble cœur. »

C'est là mon premier fait, voici le second.

L'Empereur Napoléon Ier, prisonnier des Anglais à Sainte-Hélène, se rendait tous les matins à une petite source d'une eau claire, pure, limpide, où il se rafraîchissait, et qui sortait d'un rocher entouré de quelques arbres nains, rabougris, mourants, comme toute la végétation de l'île. Souvent il rencontrait auprès de ces arbres une vieille femme couverte de haillons sales, et qui venait ramasser les branches sèches, perdues, tombées à terre, dont elle faisait un fagot qu'elle traînait avec peine à sa misérable chaumière. Il causait toujours avec bonté à cette pauvre femme qui, ne le connaissant pas, lui racontait ses chagrins, ses malheurs.

Les fidèles amis de Napoléon, ceux qui avaient voulu partager sa captivité et ses souffrances, s'étonnaient de le voir ainsi s'entretenir avec la chercheuse de bois mort, et un jour le général Bertrand, plus familier avec l'Empereur que les autres officiers, lui en fit l'observation en souriant.

— « Je n'ai jamais pu voir une vieille femme sans penser à ma mère, répondit tristement le martyr de Sainte-Hélène. »

Et de grosses larmes tombaient de ses yeux. Sa mère, qu'il aimait tant, était à plusieurs centaines de lieues de lui et il devait mourir sans la revoir !

C'est là mon second fait.

Et pour terminer notre leçon, comme Notre-Seigneur au docteur de la loi, à qui il venait de dire la parabole du bon Samaritain, je vous dirai :

« Enfants, allez et faites de même. »

CHAPITRE IV.

LES ETRANGERS.

ÉPISODE DE LA VIE DE MUNGO-PARK.

> « Prenez garde d'attrister et d'affliger
> » l'étranger ; car vous-mêmes vous étiez
> » étrangers dans la terre d'Égypte. »
> (*Exode*, chapitre 22.)

Brisé de fatigue, appelant et cherchant en vain depuis plusieurs heures ses fidèles guides dont il s'est imprudemment séparé, perdu au milieu d'une plaine sans fin, sur une terre étrangère, ne sachant plus où diriger ses pas, l'aventureux voyageur Mungo-Park s'arrête épuisé, exténué.

Il se laisse tomber à terre, se couche, pense à sa famille, à ses amis, se recommande à Dieu, croyant ne plus se relever. Il s'endort du sommeil du mourant.

Bientôt des chants étranges, bizarres, mais harmonieux, frappent ses oreilles. Il entr'ouvre ses yeux appesantis ; et à moitié éveillé, à moitié endormi, il voit passer, repasser et tourner en rond autour de lui des êtres fantastiques, semblables à des démons.

Soudain la ronde cesse, les démons s'accroupissent auprès du voyageur, et des voix enfantines, d'une suavité infinie, reprennent les chants interrompus par la ronde. — Est-ce un rêve? Est-ce la réalité?

Ces voix disent :

« Dors tranquille, homme blanc, nous veillerons sur toi. Déjà la nuit s'avance.... l'ouragan mugit, le tonnerre gronde... le tigre affamé sort de sa retraite... Qui sauvera l'homme blanc de la fureur de la tempête, de la rage du tigre, de la piqûre du moustique? Il n'a point de hutte! Que va-t-il devenir, le pauvre homme blanc? »

D'autres voix continuent :

« Dors tranquille, homme blanc, nous veillerons sur toi. Ayons pitié de l'homme blanc : il n'a plus de mère, plus de femme, plus d'enfants. Nous préparerons pour lui le racahout et le lait du chameau, parce que le grand Être promet son paradis à ceux qui nourrissent l'étranger. »

Enfin les premières voix reprennent :

« Dors tranquille, homme blanc, nous veillerons sur toi. A ton réveil nous te conduirons chez Aboul-Assan. Aboul-Assan est un bon maître ; il aime ses esclaves ; il aime les étrangers. Il te recevra dans sa plus belle tente et il te donnera la plus belle natte pour te reposer. Tu fumeras avec lui le calumet pacifique... tu seras de la famille.

Dors tranquille, homme blanc, nous veillerons sur toi. »

Les chants cessèrent.

Mungo-Park complétement éveillé se leva : les démons, les chanteuses étaient de pauvres négresses revenant du travail avec leurs enfants. Comme elles l'avaient dit, elles conduisirent Mungo-Park chez leur maître Aboul-Assan. Le voyageur fut reçu comme un frère par le chef de la tribu. Quelques jours après, lorsqu'il fut tout à fait remis de ses fatigues, il reprit son voyage et retrouva bientôt ses guides, qui étaient eux-mêmes à sa recherche. Plus tard il n'oublia jamais l'hospitalité que lui avaient accordée les nègres, et c'est lui-même qui a raconté, dans son histoire des voyages, cet épisode que je vous engage à toujours vous rappeler, afin de vous bien souvenir que les étrangers sont des frères, pour qui nous devons avoir les plus grands égards, parce que nous sommes nous-mêmes étrangers sur cette terre : le ciel est notre véritable patrie.

CHAPITRE V.

LA NOURRITURE.

LE PÉTRIN MÉCANIQUE. — PAIN D'ÉPICES. — BISCUITS DE MER. — BISCUITS DE VIANDE. — LA POMME DE TERRE. — LE RIZ. — LES MOUCHES. — COMMENT ELLES SE TIENNENT AU PLAFOND, SUR LES GLACES. — CE QU'ELLES DEVIENNENT EN HIVER. — LA PLANTE ATTRAPE-MOUCHES. — L'ORTIE : POURQUOI SES PIQURES PRODUISENT DES AMPOULES.

LE MAÎTRE. — Combien de fois n'avez-vous pas passé, insouciants, indifférents, devant la boutique de l'épicier, sans vous demander jamais d'où viennent tous les produits qu'il étale avec tant de coquetterie, qu'il vante avec tant de complaisance en les débitant chaque jour à vos familles. Vous ignoriez sans doute que ces produits, enfermés dans une chambre de quelques mètres carrés, représentent à eux seuls un échantillon des richesses des cinq parties du monde. Vous ne saviez pas cela, enfants, car alors vous auriez été plus curieux ! Vous souriez, et vous vous dites : « Comment, les cinq parties du monde fournissent des marchandises à un simple épicier de village ! » Eh bien oui, cependant, et pour vous le prouver je n'ai qu'à prendre au hasard.

Le sel nous appartient en toute propriété : il nous a été

expédié certainement des mines de Dieuze, en Lorraine, ou
de celles d'Orthez, dans les Hautes-Pyrénées.

Le café, que vous aimez tant, nous arrive des plaines
de l'Arabie, en Asie.

Le poivre, qui donne du piquant aux sauces de nos mé-
nagères, est la graine d'un arbrisseau qui croît aux îles de
la Sonde, en Océanie.

Le liége, qui sert à la fabrication des bouchons, est l'é-
corce d'un arbre d'Afrique.

Enfin la gomme élastique, dont vous faites un si grand
usage, est simplement la séve d'un autre arbre d'Amérique.

Quand le moment sera venu, nous nous occuperons des
moyens employés pour la préparation de ces différents
objets de commerce. Aujourd'hui je me bornerai à vous
parler des principaux aliments qui constituent notre nourriture, et je vais commencer par celui qui est le plus indispensable : le pain.

Je n'ai que peu de chose à vous en dire ; car vous savez
tous comment on le fait. Vous avez tous vu vos mères pé-
trir la pâte, la couper en morceaux appelés *pâtons*, placer
ces pâtons dans des corbeilles où ils fermentent et se gonflent. Vous avez tous vu chauffer le four, enfourner et dé-
fourner les pains. Je n'insisterai pas sur ces opérations qui
vous sont familières ; mais je tiens à vous faire connaître
un appareil que l'on emploie dans toutes les grandes
villes, et qui fait à lui seul tout le travail du pétrissage :
on le nomme *pétrin mécanique*.

L'invention de cet appareil est due à M. Lambert et date
d'une soixantaine d'années. D'autres inventeurs sont ve-

nus après M. Lambert et ont apporté chacun ses idées, ses améliorations ; aujourd'hui le pétrin mécanique le plus en vogue est celui de M. Morel, et surtout celui de M. Rolland, qui fonctionne dans tous les grands établissements et dans presque tous les hospices de Paris. Il se compose d'une auge en bois, en fonte ou en tôle, dans laquelle on place l'eau, le levain et la farine, et dans laquelle tourne un arbre appelé *pétrisseur,* mis en mouvement à l'aide de

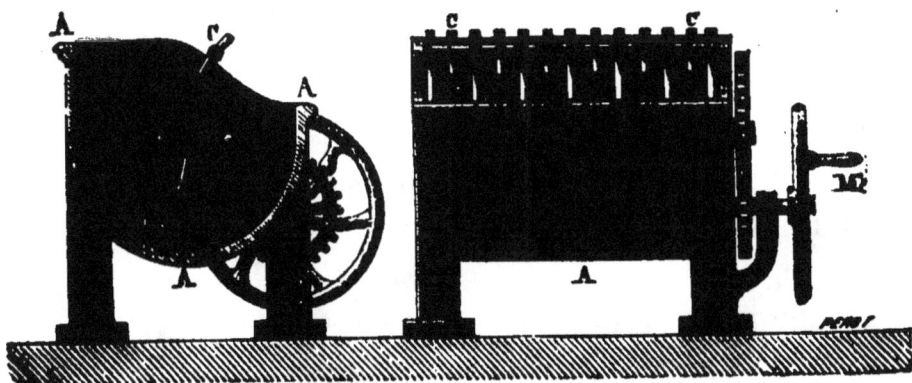

Fig. 1 et 2. — Pétrin Rolland.
AAA, auge. — o, arbre pétrisseur. — CC, lames. — m, manivelle.

manivelles. Sur le pétrisseur sont fixées des lames recourbées, qui remplacent les mains de nos boulangers, et qui, en quelques minutes, donnent à la pâte la meilleure préparation possible.

ÉMILE. — Et le pain d'épices, Monsieur, avec quoi le fait-on ?

LE MAÎTRE. — Rien de plus simple, mon ami. On prend de la farine ordinaire, on y mêle du miel et une très-petite quantité de soude ou de potasse pour hâter la cuisson, et l'on obtient le pain d'épice.

Le biscuit de mer dont se nourrissent les marins se prépare avec la plus fine farine de blé. Seulement on le laisse moins *lever* que le pain et on le fait cuire davantage. Il devient alors assez dur et peut se conserver des années entières.

Enfin le biscuit-viande, avec lequel on fait de la soupe excellente, est du biscuit dans lequel on a introduit du bouillon très-gras.

Après le pain, vient en première ligne la pomme de terre, que l'on a justement appelée le pain du pauvre.

A l'état sauvage, la pomme de terre est un poison, et les bestiaux eux-mêmes ne la mangent qu'avec une profonde répugnance. Mais cultivée avec soin dans un terrain meuble, elle devient un aliment agréable, nourrissant, et d'autant plus précieux qu'on peut le préparer de mille manières.

La pomme de terre, qui croît sans culture dans les chaudes régions de l'Amérique, est connue en Italie, en Allemagne, en Espagne et en Angleterre, depuis trois siècles environ ; mais elle n'a été apportée en France que vers l'année 1785, par Parmentier, pharmacien de l'armée et de l'Hôtel des Invalides. Comme elle arrivait chez nous avec la réputation d'une empoisonneuse, elle fut fort mal reçue. Bientôt cependant on fut forcé de reconnaître qu'elle ne causait la mort de personne ; mais il est difficile de détruire la calomnie ! Et comme on ne voulait pas avouer qu'on s'était trompé, on prétendit que la malheureuse plante donnait la lèpre à ceux qui en mangeaient. Enfin il n'est point d'accusations qu'on n'ait portées contre elle, et ce n'est que la ruse qui réussit à la mettre en faveur auprès des paysans. Voici comment procéda Parmentier, après avoir échoué avec tous les moyens possibles de persuasion. Il prit à ferme tous les terrains de la plaine des Sablons, près de Paris, et les fit ensemencer de pommes de terre. Le moment de la récolte approchant, il établit des gardes autour de sa propriété.

Manger des pommes de terre données, fi donc, horreur ! mais manger des pommes de terre volées, quelle bonne affaire ! Ce ne pouvait être qu'un mets délicieux, que l'on défendait ainsi, et comme les gardes avaient reçu l'ordre de se montrer peu sévères, de fermer, en temps opportun, les yeux et les oreilles, les champs furent entièrement dévastés, les pommes de terre pillées, volées.

En apprenant cette nouvelle, Parmentier pleura de joie : la cause à laquelle il s'était voué était gagnée.

En effet, à partir de cette époque, la culture de la pomme de terre s'est toujours de plus en plus étendue. Aujourd'hui il n'y a pas en France une seule personne qui ne mange de cette plante précieuse, et l'on se demande avec effroi ce que l'on deviendrait si elle disparaissait du monde. Mais ce malheur n'est pas à craindre : Dieu qui nous l'a donnée nous la conservera.

Il en est de même du riz, qui alimente la moitié des habitants du globe, disent les savants. C'est là une plante que vous ne connaissez pas et qui ressemble assez à l'avoine ordinaire. Dans les Etats-Unis d'Amérique, le riz croît, comme chez nous les mauvaises herbes, sans culture, sans soins. Il porte alors les noms de riz sauvage, riz indien, avoine d'eau ; c'est ce dernier nom qui lui convient le mieux, parce qu'un champ couvert de cette plante a le véritable aspect d'un champ d'avoine.

Le riz exige un terrain marécageux, recouvert d'eau. Cette eau peut s'élever jusqu'à trois mètres, mais passé cette limite, la plante ne végète plus. Si, pendant les grandes chaleurs, les terrains se dessèchent, le riz continue à croître; mais il est indispensable que l'eau couvre au printemps et en automne la surface à ensemencer; sans cela la germination ne s'opérerait pas et la graine périrait. La plante se plaît dans les eaux tranquilles et ne donne que de faibles produits dans celles à cours rapide ou torrentiel.

Une rizière en bon rapport peut donner deux, trois et quelquefois quatre récoltes par an.

Depuis une vingtaine d'années, on fait en France une consommation considérable de riz. Au moment de la guerre de Crimée, pendant le long siége de Sébastopol, c'était la principale nourriture de nos braves soldats.

Fig. 3. — Riz (hauteur de la tige, 1 mètre).

Notre classe, la vraie classe, se termine ici, mes enfants. Vous n'avez pas oublié, j'en suis convaincu, que c'est aujourd'hui samedi, c'est-à-dire que notre dernière heure doit être consacrée à une leçon de choses, que vous avez dû préparer vous-mêmes.

Déjà, depuis quelques minutes, je m'aperçois que Charles est peu attentif ; il n'écoute que d'une oreille distraite, et je le vois suivre de l'œil les allées et les venues d'une petite mouche, qui parcourt dans tous les sens les carreaux de nos fenêtres. Est-ce vrai, Charles ?

CHARLES, *rougissant un peu.*— Oui, Monsieur, c'est vrai, cette mouche occupait mon attention, et depuis plus d'un quart d'heure, je me demande et je cherche en vain comment elle peut se tenir, s'attacher à la surface polie du verre.

LE MAÎTRE. — Et avez-vous trouvé son secret, au moins ?

CHARLES. — Pas encore, Monsieur, cependant j'ai cru un instant être sur la voie, mais je me suis certainement trompé.

LE MAÎTRE, *en souriant.*— Dites-nous quand même ce que vous aviez supposé ; peut-être n'êtes-vous pas loin de la vérité.

CHARLES. — En la voyant grimper sur le mur, je pensais qu'elle avait, à l'extrémité des pattes, des petits crochets.

LE MAÎTRE. — Très-bien, très-bien... afin de saisir les aspérités des corps auxquels elle s'attache, pour ainsi dire ?

CHARLES. — Oui, Monsieur ; vous achevez ma phrase, mais le verre étant parfaitement uni, elle ne peut s'y accrocher ; ma supposition est donc fausse.

LE MAÎTRE, *en riant.* — Comme je l'avais pressenti, si vous n'avez pas deviné complétement le secret de la nature, vous vous en êtes approché de très-près et je vous en félicite, tout en vous grondant un peu de nous avoir abandonnés ainsi à notre étude du riz.

CHARLES, *riant aussi.* — Oh ! j'écoutais également, Monsieur.

LE MAÎTRE, *toujours riant.* — Allons, je vous pardonne, et de très-grand cœur. Je vous répète donc que vous vous êtes approché de la vérité, et en effet, la mouche a bien, à l'extrémité de chaque pied, deux ongles recourbés à l'aide desquels elle s'accroche aux corps sur lesquels elle marche. — Mais ce que vous n'avez pu deviner, c'est que sous ces *ongles crochus* se trouvent deux pelotes molles, blanchâtres, renfermant un suc gluant, et faisant le vide, comme de petites ventouses ou comme de petits appareils pneumatiques...

Oh ! nous voilà arrêtés par deux mots savants que j'ai employés à défaut d'autres, et que je dois vous expliquer, en vous priant de m'accorder toute votre attention, car il faut bien que vous vous rendiez compte de faits qui, journellement, s'accomplissent sous vos yeux. Charles, mon ami, voulez-vous appliquer contre votre bouche le revers de votre main ?

CHARLES ET TOUS LES ÉLÈVES. — Oui, Monsieur, nous y sommes. Que faut-il faire maintenant ?

LE MAÎTRE. — Maintenant aspirez l'air qui se trouve entre la main et la bouche, et dites-moi ce qui se produit.

TOUS LES ÉLÈVES. — La main s'attache à la bouche ; nous l'avons essayé souvent déjà.

LE MAÎTRE, *en riant.* — Eh bien, c'est précisément ainsi qu'opèrent les petites ventouses ou les petits appareils pneumatiques, ou enfin les petites pelotes des pattes de la mouche. Elles aspirent l'air qui se trouve entre elles et la surface sur laquelle elles s'appuient, et s'attachent par cela même à cette surface. Comprenez-vous maintenant la marche des mouches sur le verre, sur les glaces, au plafond des chambres?

LES ENFANTS. — Parfaitement, Monsieur, car rien ne paraît plus simple.

EMILE. — Que deviennent donc les mouches en hiver, Monsieur, car on n'en voit aucune durant la saison froide, et aussitôt que le printemps est revenu, elles reviennent? Emigrent-elles?

LE MAÎTRE. — Avant de répondre à votre question, je dois vous dire qu'on divise les mouches en deux grandes classes :

1° Les mouches *vivipares*, qui donnent naissance à des petits vers vivants, presque toujours au nombre de deux, mais arrivant quelquefois au nombre de trente et quarante. Ces petits vers, toujours déposés dans la viande, s'en nourrissent avec avidité, et au bout de quelques jours, parvenus à leur grosseur, se font une enveloppe de leur propre peau et se transforment en véritables mouches.

2° Les mouches *ovipares,* qui pondent des œufs d'où sortent aussi des vers, qui se changent également en mouches après un certain temps.

Or, les mouches vivipares s'engourdissent, s'endorment aux approches des froids de l'hiver, pour se réveiller aux beaux jours du printemps.—Quant aux mouches ovipares, après avoir déposé leurs œufs en lieu sûr, elles les abandonnent et meurent, quoique quelques-unes d'entre elles cependant survivent à la froide saison, mais c'est le petit nombre. Le soleil fait éclore les œufs, et ainsi se perpétuent les générations des mouches.

ÉMILE. — Alors les vers qui dévorent les cadavres des animaux morts sont destinés à devenir des mouches?

LE MAÎTRE. — Mais certainement, mon ami. — Les lombrics, ou vers de terre, que l'on voit souvent se promener à la campagne, dans les sentiers et les chemins, après la pluie, ne peuvent se nourrir ni de chair, ni de végétaux; ils ne vivent que des sucs qu'ils aspirent de la terre. On a fait, du reste, de nombreuses expériences à ce sujet; des cadavres d'animaux morts ayant été placés en terre, même à une médiocre profondeur, se sont corrompus lentement, et sont retournés en poussière, suivant la parole de Dieu.

Puisque nous en sommes aux mouches, je dois vous parler d'une plante originaire de l'Amérique du Sud, que l'on est parvenu cependant à acclimater en France et qui jouit de propriétés bizarres, curieuses, inexplicables, qui ont fait jusqu'aujourd'hui le désespoir des savants. De son nom scientifique elle s'appelle *Dionée*, qui veut dire *belle ;* mais, en raison de ses habitudes, on l'a surnommée *attrape-mouches.*

Ah ! vous riez, jeunes gens ! Eh bien oui, pourtant, une plante qui attrape les mouches dans un piége tout préparé, avec ses ruses, ses appâts, tout comme on attire les souris, les rats, les loups, les renards même, malgré leur habileté.

Et notre plante, remarquez-le, a l'air inoffensif, simple, comme le bouillon blanc, comme la guimauve, ces vieilles amies des malades.

Le piége, ce sont les feuilles de la Dionée. Les appâts, c'est une liqueur sucrée qui sort de ces feuilles : tout y est. Et je le répète, cet air inoffensif d'une bonne plante : rien n'éveille les soupçons.

Mais écoutez au loin ce bourdonnement... c'est une mouche qui s'approche : elle a senti l'odeur du sucre. Quelle aubaine ! se dit-elle, et, toute confiante, elle prépare sa trompe pour aspirer à longs traits la douce liqueur, et sans hésiter, se pose hardiment sur la feuille de la Dionée.... Fausseté... perfidie ! la traîtresse Dionée se ferme brusquement, brutalement... Lâcheté ! vengeance ! crie la mouche qui bat des ailes... mais la plante meurtrière serre davantage la bestiole ; la pauvresse expire.

Alors la Dionée ouvre ses feuilles et attend de nouvelles victimes... et pourquoi ces victimes ?

C'est ce que les savants n'ont pu expliquer encore ; car ces insectes ainsi sacrifiés ne peuvent servir à la nourriture de la plante. C'est là un des mystères que le Créateur n'a pas encore permis à l'homme d'approfondir.

ANDRÉ. — Permettez-moi, Monsieur, de vous adresser une question qui a un certain rapport avec celle de l'attrape-mouches, car il s'agit d'une plante aussi : l'ortie. — Lorsqu'on se pique avec l'épine de la ronce ou du rosier, on éprouve une simple douleur, sans enflure ; mais lorsqu'on heurte les piquants de l'ortie, il se forme à la partie attaquée des bulles qui grossissent, grossissent et occasionnent des démangeaisons violentes, quelquefois insupportables. J'ai cherché souvent, et je n'ai pu trouver la raison de cette différence de blessure ; voudriez-vous me dire, Monsieur, si on la connaît.

LE MAÎTRE. — On la connaît parfaitement. La piqûre

de la ronce, du rosier, comme celle de tout corps pointu, comme celle d'une aiguille, d'une épingle, est une simple blessure, tandis que la piqûre de l'ortie est un véritable empoisonnement, et en voici l'explication.

A la base de chacun des piquants de l'ortie se trouve une petite vessie renfermant une liqueur vénéneuse, empoisonnée. Les piquants eux-mêmes sont creux comme un tuyau de plume. Il résulte de cette disposition et de cette combinaison que, lorsqu'on appuie sur la pointe des piquants, ceux-ci à leur tour pressent sur la vessie et l'ouvrent. En suivant le canal, la substance empoisonnée pénètre dans la blessure et produit des ampoules et les démangeaisons dont vous parlez, démangeaisons parfois douloureuses, il est vrai, mais qui se calment avec de l'eau fraîche.

ANDRÉ. — Mais alors la piqûre des orties sèches ne doit pas être empoisonnée, parce que la vessie doit être desséchée?

LE MAÎTRE. — Votre réflexion est d'une très-grande justesse : comme vous le dites, la piqûre de l'ortie sèche ne produit aucune vessie sur la peau, car la plante ne renferme plus de venin. Vous pouvez expérimenter le fait.

Êtes-vous satisfait, André?

ANDRÉ, *en riant.* — Très-satisfait, Monsieur, et je vous remercie.

LE MAÎTRE. — Alors nous nous arrêterons là, pour aujourd'hui.

CHAPITRE VI.

———

LA NOURRITURE (suite).

LE SUCRE. — SUCRE D'ORGE. — SUCRE CANDI. — LA MÉLASSE. — LE MIEL. — LES BOURDONS. — LE VERMICELLE. — LES PATES D'ITALIE. — LE TAPIOCA. — LE MACARONI. — LE THÉ. — LÉGENDE DU THÉ. — RUSES DES CHINOIS. — LE BERGER ET L'AVOCAT.

LE MAÎTRE. — Si l'on classait les plantes utiles par ordre de mérite, c'est-à-dire en vertu des services qu'elles nous rendent, après le blé, la pomme de terre et le riz, qui occuperaient les premiers rangs, parce qu'ils sont la base de notre nourriture, on devrait placer à juste titre la canne à sucre ou cannamelle, mot qui signifie *roseau à miel :* de cette plante on retire le sucre.

ÉMILE. — Je croyais qu'aujourd'hui on faisait du sucre de betteraves.

LE MAÎTRE. — Et vous avez raison. Depuis une soixantaine d'années, la betterave, dont vous connaissez la culture, est employée en effet à la fabrication du sucre ; mais comme la consommation augmente chaque jour dans des proportions incalculables, la cannamelle n'a perdu en rien de sa valeur.

ÉMILE. — Y a-t-il bien longtemps, Monsieur, que l'on connaît le sucre, ou plutôt qu'on sait le préparer ?

LE MAÎTRE. — Il me serait difficile de vous donner une réponse précise, attendu que les auteurs anciens sont très-sobres de détails sous ce rapport. Cependant on peut affirmer que trois siècles avant Jésus-Christ, le sucre était déjà employé dans la préparation des tisanes, des si-rops, des liqueurs. Mais ce n'est que vers le VIIe et le VIIIe siècle de notre ère que l'usage s'en répandit, et ce n'est que quelques centaines d'années plus tard qu'il passa, de la table des souverains et des princes, à la table des bourgeois et des manants.

La canne à sucre nous vient de l'Asie orientale. Elle a une ressemblance assez remarquable avec les grands roseaux de nos mares et de nos ruisseaux. De la racine sortent plusieurs tiges qui atteignent quelquefois une hauteur

Fig. 4. — Champ de cannes à sucre.

de quatre à cinq mètres. La partie supérieure de ces tiges contient une faible quantité de sucre; aussi on la convertit presque toujours en boutures qui servent à la reproduction de la plante.

Cette première opération terminée, on procède à la récolte. Les cannes sont coupées près de terre, réunies en bottes et soumises à la pression de plusieurs cylindres tournant les uns sur les autres en sens inverse. Cette pression répétée brise les tiges et en fait sortir la séve, le jus, qui coule dans un réservoir, et prend alors le nom de *vin de canne*. Le vin de canne purifié donne le sucre du commerce, tandis que le résidu produit la mélasse.

CHARLES. — Le sucre de betterave s'obtient-il de la même manière, Monsieur ?

LE MAÎTRE. — A peu de chose près, mon ami. Les betteraves bien lavées, débarrassées de toute matière étrangère, sont divisées en parties très-minces, très-déliées, que l'on enferme dans des sacs de toile et dont on exprime le jus au moyen d'une forte pression. Vous vcyez que l'opération principale est pour ainsi dire la même.

Aujourd'hui, il y a en France plus de trois cents sucreries qui occupent entre cinquante et soixante mille personnes.

ÉMILE. — Voudriez - vous nous dire comment on obtient le sucre candi et le sucre d'orge que vendent les épiciers, les confiseurs ?

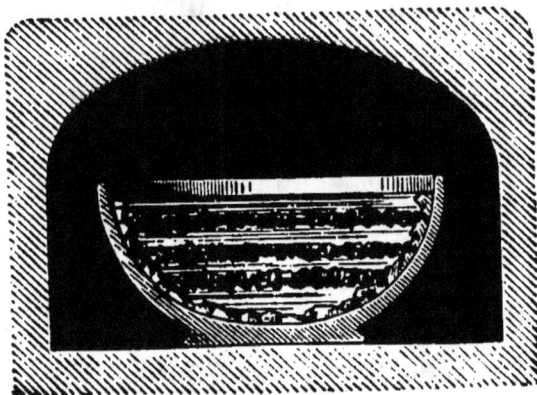
Fig. 5. — Cristallisation du sucre par évaporation. Sucre candi.

LE MAÎTRE. — Rien de plus simple. Dans de l'eau

chaude on fait fondre du sucre ordinaire en quantité suffisante, pour que le tout forme un liquide épais comme du sirop. Au milieu de ce sirop on étend des fils. En se refroidissant, le sirop forme des cristaux qui s'attachent aux fils et donnent le *sucre candi*.

Quant au sucre d'orge, que je vous recommande contre le mal de gorge, vous pouvez très-facilement le préparer vous-mêmes. Pour cela, vous n'avez qu'à faire bouillir de l'orge dans de l'eau de fontaine, passer cette eau dans un linge bien propre, et y mêler une quantité de sucre égale à trois ou quatre fois le poids de l'orge employée. Vous obtiendrez alors une pâte, que vous pourrez couper en bâtons semblables à ceux que vous achetez, quand vous êtes riches de quelques sous : ces bâtons se durciront par le refroidissement.

Enfin les sucres de pomme, de guimauve, etc., se préparent d'une manière analogue, en remplaçant l'orge par du jus de pomme, de la guimauve, etc.

Ai-je besoin de vous parler du miel?

ÉMILE. — Oh! non, Monsieur, nous avons tous vu les abeilles aller le puiser dans le calice des fleurs, et venir ensuite le déposer dans leurs ruches. Charles sait cela mieux que personne, lui qui est toujours à la recherche du miel de bourdons ; car il connaît tous les nids de bourdons du pays. Il est vrai que souvent il paie ses vols par des piqûres au nez et aux mains.

CHARLES, *riant.* — Je n'ai encore pris qu'un nid de bourdons, Monsieur, et Émile était avec moi ; il aurait donc pu ne rien dire ; mais il se moque parce qu'il a eu le miel, c'est-à-dire les bénéfices, les profits, et moi j'ai eu les piqûres.

LE MAÎTRE, *riant aussi.* — C'est-à-dire que, comme dans la fable *le Singe et le Chat*, vous avez tiré les marrons...

CHARLES. — Et Émile les a mangés, oui, Monsieur ; mais je le lui rendrai un beau jour, je l'espère.

LE MAÎTRE, *riant.* — Ce ne sera peut-être pas de la charité évangélique, mais je comprends votre petite rancune.

CHARLES. — Oh, je n'aurais rien dit, s'il ne s'était pas moqué : mais avoir été piqué et être tourné en ridicule après...

LE MAÎTRE, *riant.* — C'est trop fort, je suis de votre avis. Cependant vous n'en resterez pas moins bons amis.

CHARLES ET ÉMILE. — Oh, certainement, et excellents amis, Monsieur.

LE MAÎTRE. — Alors je suis rassuré, et puisque je n'ai rien à vous apprendre, quant au miel, je vais vous dire quelques mots du vermicelle, du tapioca, des pâtes d'Italie, qui servent à la préparation de nos meilleurs potages.

Le vermicelle se fait avec la plus fine farine de froment, qu'on pétrit avec de l'eau, mais en petite quantité et de manière à donner une pâte ferme, solide, à laquelle on mêle un peu de sel et quelquefois de safran.

Le safran est une plante que l'on cultive dans le midi de la France, surtout dans les environs de Carpentras, Orange, dans le département de Vaucluse.

La pâte ainsi obtenue est placée dans une caisse dont le fond est percé d'une infinité de petits trous. — Sur la pâte on applique une planchette unie, et enfin sur cette planchette on fait manœuvrer une vis d'une grande puissance. Comprimée par la pression de la planchette sous le jeu de la vis, la pâte sort des trous du fond de la caisse sous la forme de petits vers, longs, sans fin, qui sont le vermicelle que l'on sert sur nos tables.

Les pâtes d'Italie, que l'on fait aujourd'hui en France, se fabriquent par les mêmes procédés. Seulement, au lieu de la caisse que nous avons vue fonctionner, on se sert d'emporte-pièces, qui donnent aux divers fragments de la pâte, la figure des lettres de l'alphabet, des chiffres arabes, des étoiles, des hiéroglyphes égyptiens, toutes les formes possibles, qui n'ajoutent rien à la qualité du potage, mais amusent parfois les gourmets, par leurs bizarreries et les diverses combinaisons auxquelles on peut les soumettre.

Le manioc est un arbrisseau qui croît dans les régions les plus chaudes de l'Amérique. Il s'élève à une hauteur de deux à trois mètres. Sa tige est rougeâtre, tendre, remplie de moelle, et cassante comme celle du sureau. Sa racine, mangée crue, est un violent poison; mais lorsqu'elle est desséchée, les Indiens en extraient une farine avec laquelle ils font un pain délicieux, dont les Européens eux-mêmes se montrent très-friands, et qu'ils préfèrent quelquefois au pain du froment le plus pur.

Voici la méthode qu'emploient les Indiens pour enlever à la racine du manioc ses propriétés malfaisantes.

Ils lavent d'abord cette racine, qui ressemble assez fidèlement à nos navets communs, puis ils en enlèvent la peau. Ils la réduisent ensuite à l'état de farine humide, en la frottant sur une sorte de râpe en cuivre. Cette farine, ou plutôt cette râpure, est placée dans un sac de jonc à tissu très-lâche, qui est fixé à une branche d'arbre. Au sac est attaché un vase très-lourd, qui, par son poids, exprime du manioc, le suc, le jus, qui est la partie vénéneuse de la plante. La substance farineuse qui reste est ensuite desséchée au soleil ou sur des plaques de fer chauffées, et enfin est livrée au commerce européen sous le nom de *tapioca*.

Le macaroni se prépare exactement comme le vermicelle, avec cette différence que les *vers* sont creux pour le macaroni, au lieu d'être solides comme dans le vermicelle.

Des plaines brûlantes de l'Amérique, transportons-nous par la pensée, dans les provinces méridionales et montagneuses de l'Empire Chinois. Là, nous verrons cultiver l'arbre à thé, et pour peu que nous paraissions le désirer, quelque bonne vieille nous racontera naïvement, et avec une foi profonde, la légende qui s'y rattache.

Les Enfants, *en riant*. — Mais nous désirons véritablement la connaître, Monsieur, cette légende, et si nous voyions la bonne vieille Chinoise, nous la prierions de nous la raconter.

Le Maître, *riant aussi*. — Alors, puisque cela vous est agréable, je vais essayer de remplir de mon mieux le rôle de la bonne vieille du Céleste-Empire.

Emile. — Qu'est-ce que le Céleste-Empire, Monsieur ? Il n'est pas indiqué sur nos livres de géographie.

Le Maître. — C'est la Chine, mon ami.—Les premiers souverains du pays prétendaient être les enfants de Dieu, et ce sont eux qui donnèrent à leur empire le nom de céleste, qui signifie, vous le comprenez très-bien, *Empire du ciel*, ou *de Dieu*. L'explication est-elle suffisamment comprise ?

Emile. — Oui, Monsieur, et nous attendons la légende.

Le Maître. — La voici telle que nous la dirait la vieille Chinoise :

Il y a environ quatre mille ans, les Chinois adoraient le Soleil. Un prince indien, nommé Darma, très-pieux et très-savant, résolut alors de parcourir la Chine pour y prêcher le culte du vrai Dieu. Un soir après une longue marche, il se mit en prières et s'endormit de fatigue. Le lendemain il ne s'éveilla que fort tard dans la journée. Pendant son sommeil, un grand nombre d'idolâtres étaient venus de loin pour l'entendre, et croyant qu'il ne voulait pas leur parler, s'en étaient retournés à leurs travaux des champs. En apprenant ces nouvelles, Darma fondit en larmes et, se prosternant contre terre, demanda pardon à Dieu d'avoir ainsi manqué à ses devoirs ; et pour ne plus être exposé à pécher de nouveau, il s'arracha les paupières et les jeta loin de lui, au hasard. — Quelques jours après, repassant par le même chemin, il vit avec surprise que deux arbrisseaux inconnus y étaient nés, et s'étaient déjà élevés à la hauteur d'un homme. Comme il était savant, Darma voulut étudier ces nouvelles plantes : il en prit des feuilles et les mâcha. Il éprouva alors un grand bien-être, peu à peu s'endormit et eut un rêve bizarre : Darma croyait se sentir attaché par les yeux aux racines des arbrisseaux.

A son réveil, ses paupières étaient revenues : il comprit alors que Dieu, pour le récompenser de sa piété, les avait changées en un arbre bienfaisant, pouvant rendre aux hommes d'utiles services.

Emile, *avec impatience*. — Et quel est cet arbre, Monsieur ?

LE MAÎTRE. — C'est l'arbre à thé, dont Darma avait mâché les feuilles.

CHARLES. — Quel rapport y a-t-il, Monsieur, entre la légende et le thé?

LE MAÎTRE. — Un rapport très-étroit, très-intime, mon ami. Le thé pris en certaine quantité tient éveillé, empêche le sommeil.

CHARLES. — Je comprends parfaitement. La légende est finie, Monsieur?

LE MAÎTRE. — A peu près. Darma fit connaître les propriétés de la plante nouvelle, dont la culture s'étendit bientôt dans toute la Chine et au Japon, et fut pour ces deux pays une source inépuisable de richesses.

Abandonné à lui-même, l'arbre à thé peut atteindre la hauteur de huit à dix mètres; mais on ne laisse pas parvenir à cette

Fig. 6. — Thé (hauteur de l'arbrisseau 1 mètre à 1ᵐ 50).

taille les pieds que l'on cultive pour en récolter les feuilles, qui sont les seules parties utiles de la plante. — Les tiges de l'arbre portent un grand nombre de rameaux d'une couleur sombre, brunâtre. Les feuilles sont d'un beau vert en dessus, d'un vert pâle en dessous, longues de six à neuf centimètres et larges de deux à trois.

Les fleurs sont blanches, assez grandes et généralement placées à la partie supérieure de l'arbre. Elles ressemblent aux roses sauvages de nos forêts, et continuent de pousser très-tard dans l'hiver.

Emile. — En fait-on un usage quelconque, Monsieur ?

Le Maître.—Non, mon ami, elles ne peuvent être prises ni en infusion, ni autrement.

En Chine, on cultive le thé en plein champ. Cet arbuste aime le voisinage des ruisseaux, des rivières, des étangs, et se plaît surtout dans les terrains légèrement inclinés et exposés au midi.

Lorsque l'arbrisseau est arrivé à l'âge de trois ans, on peut en récolter les feuilles, qui sont alors fraîches et tendres; mais dès sa septième année il se dessèche, les mutilations répétées qu'on lui a fait subir l'ayant affaibli.

Le même arbre donne ordinairement trois récoltes de feuilles dans une année : la première s'opère au mois de mars ; la seconde, au mois d'avril ou de mai ; et la dernière, lorsque les feuilles sont entièrement développées.

Vous le savez, le thé est une délicieuse boisson, que l'on prépare en faisant tout simplement infuser dans de l'eau les feuilles de la plante, telles qu'elles nous sont expédiées de la Chine ou du Japon.

Emile. — Ne pourrait-on pas le cultiver en France, Monsieur? car il me semble qu'en Chine il doit faire aussi froid que chez nous.

Le Maître. — On a essayé maintes fois déjà d'acclimater

l'arbre à thé en France ; mais jusqu'aujourd'hui on n'est parvenu à obtenir que des arbustes chétifs, maigres, maladifs, et qui sont morts lentement à l'âge d'un ou deux ans. Peut-être réussira-t-on un jour, car les savants n'ont pas abandonné la question. Quant à la température de la Chine, Emile a raison, elle est à peu près la même, en moyenne, que celle de la France ; mais il y a sans doute d'autres causes qui nous échappent ; notre sol n'offre pas à la plante les conditions qu'elle rencontre en Chine et ailleurs. Ce sont là des mystères, que le génie de l'homme découvre quelquefois, mais qui, souvent aussi, restent pour lui des secrets éternels.

Faut-il vous dire,—mais vous ne le répéterez pas à vos mères, — que les voyageurs qui ont parcouru la Chine, et qui en ont savouré le thé sur place, prétendent que celui qui nous est expédié a déjà servi.

LES ENFANTS. — Mais c'est impossible, Monsieur ?

LE MAÎTRE. — C'est très-possible, au contraire. Les feuilles infusées une première fois, sont séchées, bien empaquetées, adressées à nos pharmaciens, à nos épiciers, qui nous le vendent alors comme du thé pur, délicieux, de qualité supérieure.

LES ENFANTS, *en riant.* — Oh ! ces Chinois, et on les croit si bêtes...

LE MAÎTRE. — Il est vrai ; mais n'oubliez pas *qu'il faut toujours se méfier, au contraire, des gens que l'on dit bêtes.*

Comme vous avez été très-attentifs, je vais vous raconter une petite anecdote que j'ai lue, il y a une vingtaine d'années, dans un vieil almanach : *«le Messager de Strasbourg,»* et qui vient à l'appui de cette vérité.

LE BERGER ET L'AVOCAT.

On l'a dit avec raison : un simple paysan qui a reçu quelque instruction, qui est doué de bon sens et a quelque réflexion, se montre souvent beaucoup plus rusé qu'un avocat dont toute la vie s'est passée avec les plaideurs, c'est-à-dire avec les gens de chicane. En voici un exemple, que je vous engage à ne pas suivre certainement, mais que je dois vous citer pour vous montrer, une fois encore, qu'il ne faut pas juger les gens sur la mine.

Un berger était accusé par son maître d'avoir dérobé deux moutons. Il niait énergiquement le fait et prétendait que c'était le loup qui était le ravisseur. Il fallut plaider. Le berger alla trouver un avocat, le chargea de défendre sa cause, et voici, en substance, la conversation qu'ils eurent ensemble.

L'Avocat. — Est-ce bien, comme vous le soutenez, le loup qui a dévoré les moutons ?

Le Berger.—Eh, certes non; c'est moi qui les ai pris et vendus.

L'Avocat. — Alors, l'affaire est très-grave et vous serez condamné.

Le Berger.—Dans ce cas, je n'ai pas besoin de vous. Si j'étais innocent je me défendrais moi-même.

— L'avocat réfléchit quelques instants. — Êtes-vous riche? reprit-il enfin.

Le Berger. — Un berger n'est jamais riche; mais si vous parvenez à me faire acquitter, vous n'aurez pas à vous en repentir.

L'Avocat. — Ecoutez-moi bien, et peut-être réussirons-nous.

Le Berger. — J'écoute, que dois-je faire?

L'Avocat. — Oh, c'est bien simple : à toutes les questions qui vous seront adressées, au tribunal, vous répondrez par un seul mot.

Le Berger. — Et quel est ce mot?

L'Avocat. — Vous le connaissez, car vous l'entendez toute la journée au milieu de votre troupeau : *Bêe*. — Voulez-vous maintenant que nous essayions? Supposez que je suis le Président du Tribunal et que je vous adresse la question d'usage : Accusé, quel est votre nom?

Le Berger. — *Bêe...*

L'Avocat, *insistant*. — Accusé, je vous demande comment vous vous appelez.

Le Berger. — *Bêe...*

L'Avocat, *avec menace*. — Accusé, vous oubliez que vous êtes en présence de la justice. Une troisième et dernière fois, je vous demande votre nom.

Le Berger. — *Bêe...*

L'Avocat, *pris d'un fou rire*. — Parfaitement joué. Votre cause est gagnée, j'en réponds.

Le jour de l'audience arrivé, les choses se passèrent comme l'avait demandé le défenseur. A toutes les questions du Président, le berger répondit : *Bêe*.

L'Avocat prit alors la parole et prouva facilement que le berger était fou, et que, par conséquent, il ne pouvait être condamné pour vol, puisqu'il n'avait pas la conscience de ses actions. Le Berger fut acquitté.

A la sortie du tribunal, l'avocat lui frappant sur l'épaule, lui dit à l'oreille : Eh bien, nous avons gagné.

— *Bée*, répondit le Berger.

— C'est fini, vous êtes acquitté, vous pouvez parler, continua l'avocat.

— *Bée*, continua à son tour le Berger.

L'avocat comprit alors, mais trop tard, qu'il avait affaire à plus malin que lui : le berger avait su profiter de la leçon, pour se tirer d'un mauvais pas et ne rien payer pour sa défense.

Il n'est pas besoin que je vous dise, mes enfants, combien la conduite de ce berger est honteuse. Je vous répète qu'en vous racontant cette anecdote, j'ai eu pour but seulement de vous mettre en garde contre les apparences, qui sont souvent trompeuses : nous devons juger les gens par leurs fruits, c'est-à-dire par leurs œuvres, leur conduite, comme le dit Notre-Seigneur.

ANDRÉ. — Mais la conduite de l'avocat n'était pas bien digne d'éloges, non plus ; car il voulait certainement tromper les juges.

LE MAÎTRE. — Le devoir d'un avocat, lorsqu'il a pour mission de défendre un innocent, est d'employer tous les moyens honnêtes, pour faire luire la vérité aux yeux des juges. — Quand il a, au contraire, à défendre un coupable, il doit plaider les *circonstances atténuantes* seulement, c'est-à-dire prouver que l'accusé a été entraîné par l'occasion, mérite par conséquent une grande indulgence, et tâcher d'obtenir qu'il ne lui soit appliqué que le minimum de la peine.

Mais, en aucun cas, et devant la justice humaine moins qu'ailleurs, il n'est permis d'altérer la vérité. — Le mensonge n'est jamais excusable, quelle que puisse d'ailleurs en être la cause, quels que puissent en être les résultats.

CHAPITRE VII.

—

LA NOURRITURE (suite).

LE FROMAGE. — LE CAFÉ. — LÉGENDE. — L'ARBRE DE LA SCIENCE
DU BIEN ET DU MAL. — LA MOUCHE A CAFÉ. — LA MOUCHE A
SCIES. — LE CHOCOLAT. — LE POIVRE. — LE CLOU DE GIROFLE.
— LA CANNELLE. — LA BIÈRE. — LE VINAIGRE.

LE MAÎTRE. — Le voyageur, ou plutôt l'amateur, le curieux qui parcourt les montagnes des Vosges, est tout
étonné de rencontrer à chaque pas, occupés à abattre des sa-
pins gigantesques, des hommes de haute stature, qui représentent le type le plus achevé, le plus complet de la
vigueur physique. Ces hommes, qui vivent au milieu de
la forêt et se nourrissent de pain de seigle, de pommes
de terre, de fromage et de l'eau de la fontaine, sont des
montagnards, hommes simples, de mœurs pures, sobres,
hospitaliers, religieux, ardents au travail et patriotes
jusqu'à l'héroïsme.

ÉMILE. — Et où se procurent-ils ce fromage, Monsieur?
C'est du fromage de chèvre, sans doute? car il n'y a que
la chèvre, je crois, qui puisse vivre sur les rochers.

LE MAÎTRE. — Les montagnes des Vosges n'ont pas que
des rochers. Leurs vallées sont magnifiques et d'une
richesse sans égale : on y trouve des scieries, des moulins, toutes sortes d'usines. Dans les prairies paissent des
troupeaux de petites vaches mignonnes, mais robustes,

qui dépensent peu et donnent un lait abondant, avec lequel on fait ces excellents fromages de Gérardmer, si renommés des gourmets et des maîtres d'hôtels.

CHARLES.—Voudriez-vous nous dire comment on les prépare, Monsieur?

LE MAÎTRE. — Les grandes fromageries ont toujours une énorme chaudière de la contenance de cinq à six hectolitres. — On la remplit aux deux tiers ou aux trois quarts, de lait frais, que l'on chauffe ensuite, après y avoir mêlé un peu de *présure :* cette matière, qui n'est autre chose que la partie intérieure de l'estomac des veaux, a la singulière propriété de cailler le lait, ce qui lui fait donner le nom vulgaire de *caillette.*

Quand ce lait est caillé, on l'écume, puis on le remue dans tous les sens, à l'aide d'une cuiller. On le fait chauffer de nouveau et à une plus forte température. On l'écume une seconde fois, on le pétrit ensuite, pour ainsi dire, comme du pain, mais toujours à l'aide d'une spatule. On le laisse enfin se refroidir, et l'on obtient alors une pâte, qui n'est pas encore du fromage, mais qui pourtant est déjà mangeable. On coupe cette pâte en morceaux cylindriques ou carrés, que l'on sale et que l'on retourne chaque jour. Après cinq ou six semaines, le fromage est fait.

Vous comprenez que je ne puis pas entrer dans tous les détails de la préparation, ce qui ne vous intéresserait que très-peu, du reste.

Les fromages les plus renommés sont ceux de *Hollande,* de *Chester* (Angleterre), de *Parme* (Italie), de *Gruyère* (Suisse), de *Marolles* (Nord), de *Brie* (Marne), et enfin le fromage de brebis du *Texel* (île de la mer du Nord), qui a la réputation d'être le plus parfait de tous les fromages.

ÉMILE. — Et à quoi doit-il cette perfection, Monsieur? Est-ce que sa préparation serait un secret connu seulement des fabricants?

LE MAÎTRE, *riant.* — Sa préparation est très-simple et ressemble assez à celle que je viens de vous indiquer, avec cette différence que l'on n'opère que sur une petite quantité de lait. Ce qui charme les gourmets, c'est l'odeur et la couleur du fromage. Au lieu d'être blanc ou jaune, comme celui dont nous faisons usage, il est vert, et d'un vert sale. Or, pour obtenir cette couleur si recherchée, les pâtres le suspendent au plafond de leur bergerie, et l'y laissent séjourner des mois entiers. Il se couvre alors d'une sorte de moisissure qui le rend verdâtre, et son séjour dans la bergerie l'imprègne d'une odeur toute particulière, que vous devinez, et qui fait les délices des amateurs.

Vous voyez que le secret n'a rien de mystérieux.

Passons à quelque chose de plus agréable : le café, qui est originaire de l'Arabie Heureuse.

ANDRÉ. — N'est-ce pas là que se trouvait le Paradis terrestre, Monsieur? Il me semble l'avoir lu dans l'histoire sainte.

LE MAÎTRE. — Le paradis terrestre, où Dieu avait placé nos premiers parents, était situé dans l'Asie Mineure, près des sources du Tigre et de l'Euphrate, que vous pouvez voir sur vos cartes, c'est-à-dire au nord de l'Arabie et au midi de la mer Caspienne et de la mer Noire. Mais si Adam et Ève y revenaient, il leur serait bien difficile de reconnaître le jardin de délices qui leur avait été choisi pour patrie : la contrée a changé d'aspect, de beauté, de richesse, en changeant de maître. Ce ne sont plus les sites enchantés des temps bibliques. On n'y voit plus que des paysages tristes, des terres incultes, couvertes d'ajoncs, de bruyères, de genévriers rabougris, de toutes ces plantes qui croissent sans culture et qui donnent aux paysages un cachet de sombre mélancolie, de sauvage tristesse, qui serre le cœur.

ANDRÉ. — L'arbre de la *science du bien et du mal*, qui a perdu nos premiers parents, y est-il encore?

LE MAÎTRE. — Celui-là n'existe plus certainement ; mais on y trouve un de ses descendants que les naturalistes et les habitants du pays appellent encore *arbre de vie*, ou *arbre du paradis terrestre*. Il ressemble au prunier commun de la France. Ses fleurs sont blanches comme celles du cerisier de nos jardins. Quant à ses fruits, couverts d'écailles, ils n'ont rien de séduisant ni par le goût, ni par la douceur, ni par la suavité, et les voyageurs qui en ont mangé sont loin d'en faire l'éloge : mais vous savez que ce qui est défendu est toujours excellent... jusqu'au moment où on en a goûté.

Revenons au café.

Les Arabes, avec leur imagination poétique, lui ont créé une légende, comme à toutes les plantes de leur contrée.

Un berger faisait paître ses chèvres sur la montagne, disent-ils, et pendant qu'elles broutaient les herbes et les bourgeons, il s'endormit à l'ombre d'un dattier. Soudain il fut éveillé par des cris, des bêlements bizarres, fantastiques. Il ouvrit les yeux, vit ses chèvres qui sautaient de rocher en rocher, se chassaient, se pourchassaient les unes les autres et semblaient danser une sarabande diabolique, infernale. Le pauvre berger crut que le malin esprit avait pris possession de son troupeau ; il s'agenouilla, pria Dieu longtemps, longtemps ; mais les chèvres continuaient leurs courses, leurs cabrioles, leurs sauts périlleux. Cependant tout a une fin en ce monde, même le carnaval des chèvres ; le carnaval finit donc ; les chèvres se reposèrent, restèrent toujours un peu capricieuses, puisque c'est dans leur nature, mais redevinrent les bonnes bêtes d'autrefois. Le berger remercia Dieu.

Les bergers sont généralement observateurs, vous le savez ; car vous avez lu dans votre histoire sainte que ce furent des bergers qui, les premiers, étudièrent le cours des astres. Le nôtre observa donc, et reconnut que ses chèvres étaient saisies de cette gaieté folle qui l'avait tant inquiété, lorsqu'elles avaient mangé des branchettes ou des fruits d'un arbrisseau qu'il ne connaissait pas, ou plutôt qu'il n'avait pas remarqué ; cet arbrisseau était le Caféier.

Le berger fit part à d'autres de sa découverte, ou pour parler plus exactement, de la découverte de ses chèvres, et bientôt le café fut connu en Arabie et en Europe.

CHARLES. — Est-ce que les feuilles du Caféier ont réellement la vertu de rendre gai ?

LE MAÎTRE. — Les feuilles et les fruits du Caféier ont la propriété de faciliter la digestion, de faire naître des sensations agréables, de soutenir les forces du corps, de ranimer les forces de l'intelligence, d'exciter l'esprit, en un mot de porter à la gaieté. En campagne, nos soldats ont toujours un bidon de café, qu'ils font chauffer et qu'ils boivent à la première halte. Cette ration leur procure un bien-être incroyable ; ils n'éprouvent plus alors ni fatigue, ni faim, ni soif.

ANDRÉ. — Mais puisque le café est un excitant, il doit procurer une grande soif, il me semble.

LE MAÎTRE. — Le Café étendu d'eau est, au contraire, la liqueur la plus rafraîchissante et la plus nourrissante que l'on connaisse. Aussi, depuis quelques années, les gens qui travaillent à la campagne pendant les grandes chaleurs de l'été, les faucheurs, les faneurs, les moissonneurs, ont-ils pris l'excellente habitude de boire du café à l'eau ; ils ont renoncé, avec raison, au vin, à la bière et au cidre.

De même que l'arbre de la science du bien et du mal, le Caféier reste toujours vert ; ses feuilles tombent une à une et se reproduisent immédiatement, sans qu'il paraisse y avoir la moindre interruption, le moindre vide dans l'ensemble. Ses branches, qui s'étendent horizontalement, sont presque toujours opposées deux à deux, comme dans le sapin de montagne. Ses feuilles sont également rangées de manière à former une croix avec la branche. Ses fleurs sont

Fig. 7. — Café. Branche et fruits du Caféier. (Le fruit est de la grosseur d'une merise, l'arbre a 4 à 5 mètres de hauteur.)

blanches, quelquefois d'un rose pâle et ont une odeur agréable. Enfin le fruit est une baie molle, verte d'abord, rouge ensuite, et qui devient noire en mûrissant ; la chair en est blanchâtre et fade. Dans l'intérieur se trouvent deux loges qui renferment chacune une graine ou semence, jaunâtre ou vert-pâle, ovale, voûtée à l'extérieur, plate et creusée d'un sillon assez profond de l'autre côté. C'est cette graine qui nous est expédiée sous le nom de café.

Le Caféier a ordinairement de deux à trois mètres de hauteur ; mais il peut s'élever jusqu'à quinze mètres.

Il se plaît sur le revers des montagnes, où il n'est exposé ni à une trop grande chaleur, ni à une température trop faible.

La récolte du café se fait à trois époques de l'année : au mois de Mai, au mois d'Août et au mois de Décembre. Elle s'opère d'une manière très-simple et qui a beaucoup de rapport avec la récolte que nous faisons de la faîne dans nos forêts. On étend de longs draps sous l'arbre et on le secoue fortement ; les fruits tombent ; on les recueille dans des sacs et on les fait sécher au soleil : on les appelle alors *Café* en *Coques.* On brise ces *coques,* ou enveloppes, sous des pierres ou sous des cylindres en bois, et l'on en retire la graine ou le café proprement dit, qui prend le nom de *café mondé.*

ANDRÉ. — Le caféier n'est-il cultivé qu'en Arabie ? J'ai déjà entendu parler de café Bourbon ; cette île est en Afrique, je crois ?

LE MAÎTRE. — Le café le plus estimé est celui de Moka, en Arabie. Viennent ensuite les cafés de Bourbon, dont vous parlez, puis ceux de la Guyane, de la Martinique, de

Saint-Domingue, du Brésil, de la Guadeloupe, de la Havane; car le caféier a fait élection de domicile dans ces parages et il s'y est habitué comme à son pays natal.

Cet arbrisseau est sujet à une maladie terrible, qui détruit parfois des plantations, des caféteries tout entières. Cette maladie qui fait périr, sécher l'arbre, est l'œuvre d'un insecte appelé *mouche à café.*

ÉMILE. — Voudriez-vous nous parler de cette mouche, Monsieur? Ce doit être un insecte curieux.

LE MAÎTRE. — Vous savez combien je suis toujours heureux de vous faire plaisir; voici donc, puisque vous le désirez, l'histoire abrégée de la *mouche à café,* qui fait partie de la famille des *mouches à scies.*

ANDRÉ. — Comment, Monsieur, il y a des mouches à scies, des mouches qui ont des scies, de vraies scies?

LE MAÎTRE. — Assurément, et elles sont même assez communes, non-seulement en Arabie, mais en France : ici même, dans nos jardins, je vous en ferai voir au printemps prochain.

LES ENFANTS, *d'un air triste.* — Mais nous ne savons donc rien, Monsieur? Nous ne connaissons pas seulement les animaux qui nous entourent, qui vivent avec nous?

LE MAÎTRE. — Vous savez, mes enfants, tout ce que l'on peut savoir à votre âge. Comme vous avez le désir et la volonté d'apprendre, avec le temps, je vous enseignerai ce que je sais moi-même; et c'est bien peu, si je le compare à ce qu'il me resterait à étudier. Ne vous ai-je pas dit déjà, qu'un brin d'herbe de la prairie pourrait occuper durant des années entières l'intelligence la plus élevée, le génie le plus vaste, le plus profond. Allons, ne perdez pas courage : la science n'est pas amère, comme on vous l'a dit souvent ; elle est agréable au contraire. Seulement elle exige du travail, de la persévérance, et vous avez déjà ces qualités. Ecoutez donc l'histoire de notre mouche, et ne perdez pas de vue que ce n'est plus une fable, une légende, que je vous raconte, mais bien une vérité.

Les mouches à scies n'ont, extérieurement, rien de remarquable, ni dans la taille, ni dans la structure, ni dans le port, ni dans les manières. Elles affectent toutes les couleurs : les unes sont jaunes, comme la guêpe ; d'autres ont des teintes verdâtres, comme la demoiselle ; quelques-unes semblent porter des habits de deuil, comme le bourdon ; enfin il en est qui revêtent la modeste et simple robe grise du taon. Quant à leur taille, elle ne dépasse jamais la moyenne grandeur de l'abeille. Elles ont le caractère facile, sociable, accommodant, et les allures peu farouches, car elles se laissent approcher et ne fuient que lorsqu'on veut les saisir.

LES ENFANTS, *impatients.* — Et leurs scies, Monsieur ?

LE MAÎTRE *riant.* — J'y arrive. Dieu, qui connaît mieux que nous la valeur du temps, l'économise partout dans ses créations. De même, en armant certains êtres, au lieu de multiplier les instruments qu'il leur donnait, comme le font les hommes dans leurs inventions, presque toujours il a réduit ces instruments à un seul, qui remplit le but de plusieurs. Je m'explique plus clairement. La mouche dont nous nous occupons dépose ses œufs dans le bois tendre du caféier : ainsi l'a voulu le Créateur.

Il lui fallait donc un poinçon pour percer ce bois. Il lui fallait ensuite une scie pour élargir l'ouverture pratiquée, et enfin une râpe ou une lime lui était indispensable pour en polir la surface, afin que les œufs ne se déchirent pas aux rugosités de l'entaille; car il faut que vous sachiez que, par exception (et c'est un fait unique), les œufs de cette mouche grossissent beaucoup avant d'éclore. Dieu, qui économise le temps en faveur de l'insecte, ai-je dit, puisque pour lui les années ne comptent pas, a réuni en un seul les trois instruments : poinçon, scie, râpe ou lime.

LES ENFANTS, *tout émerveillés*. — Ce n'est pas croyable, Monsieur. Une petite mouche posséderait à elle seule un instrument semblable et ainsi perfectionné?

LE MAÎTRE. — Non-seulement un instrument, mais bien *deux* et complets; car elle a à son extrémité postérieure *deux lames*, armées de dents, qui sont elles-mêmes dentelées, ce qui forme la scie. La surface de cette scie est couverte de pointes fines, dures, ce qui constitue la râpe ou la lime. Et enfin la râpe est pointue comme une aiguille, c'est-à-dire comme un poinçon : les trois instruments y sont bien, vous le voyez. De même que le bon ouvrier a le plus grand soin de ses outils, la nature, qui est une mère prévoyante, ne laisse rien au hasard : afin que l'instrument ne se détériore pas, elle l'a enfermé dans une sorte d'étui à coulisses, d'où l'insecte le retire et où il le fait rentrer à volonté.

LES ENFANTS. — Tout cela est admirable, Monsieur, et nous ne pouvons que répéter que nous sommes des ignorants.

ANDRÉ. — Pourquoi donc la mouche a-t-elle deux scies? Une seule ne lui suffirait-elle pas?

LE MAÎTRE, *riant*.— Economie de temps, toujours, mon ami. La besogne de l'insecte est rude, pénible; et cette besogne est pressée, il faut se hâter...

ANDRÉ. — Alors, elle perce deux trous à la fois? Cependant elle ne doit déposer qu'un œuf.

LE MAÎTRE. — Elle perce un seul trou, mais avec une vitesse, une rapidité incroyable.

ANDRÉ, *impatient*.— Mais les deux scies doivent se gêner l'une l'autre?

LE MAÎTRE. — Au contraire, elles s'entr'aident. Elles agissent ensemble, mais séparément, c'est-à-dire que lorsque l'une d'elles se porte en avant, l'autre revient en arrière : elles produisent ce que l'on appelle un mouvement alternatif de va et vient.

ANDRÉ. — Oh! je comprends, Monsieur, et c'est plus admirable encore que je ne le pensais...

LES ENFANTS. — C'est merveilleux... merveilleux.

LE MAÎTRE. — Comme toutes les œuvres de Dieu.

J'ai dit que les mouches à scies sont assez communes chez nous, et en effet, ce sont de ces insectes qui déposent leurs œufs dans les fruits naissants du pêcher, du poirier, du pommier, etc., et les font tomber...

ANDRÉ. — Je croyais, moi, que ces mouches allaient, comme les abeilles, aspirer le miel des fleurs.

LE MAÎTRE. — C'était une erreur. Je le répète, elles vont percer le fruit naissant qui doit servir de berceau à leur famille. Ce fruit devient *véreux*, se dessèche et meurt.

Vous comprenez très-bien maintenant que des quantités innombrables de mouches à scie s'abattant sur une caféterie la fassent périr complétement?

LES ENFANTS. — Oui, Monsieur.

LE MAÎTRE. — Nous allons alors continuer et bientôt terminer notre leçon sur les aliments ; car le sujet va être épuisé.

Le chocolat est encore le produit d'un arbre étranger, du

Fig. 8. — Cacaoyer (haut. de l'arbre, 11 à 15 m.
long. des feuilles 0ᵐ25 à 0ᵐ30 ; long. du fruit 0ᵐ20 à 0ᵐ25).

cacao ou cacaoyer, qui croît sous la zone torride et dont on rencontre des forêts entières dans la Guyane.

La graine du cacao, séchée, moulue, et mêlée à une égale quantité de sucre, donne le chocolat, qui se vend sous forme de tablettes, que vous connaissez, et dont vous avez apprécié plus d'une fois les excellentes qualités.

ANDRÉ. — D'où vient la cannelle, Monsieur ?

LE MAÎTRE. — De l'écorce d'un arbre de l'Amérique, des Indes, de la Chine, et que l'on appelle le *laurier cannellier.*

CHARLES. — Et le poivre, Monsieur ?

LE MAÎTRE. — Le poivre est le fruit du poivrier, arbrisseau des îles de la Sonde, de l'Inde, de l'île de France, de l'île Bourbon...

EMILE. — Et le clou de girofle, que l'on met dans les sauces ?

LE MAÎTRE. — C'est la fleur, cueillie avant qu'elle soit ouverte, d'un arbrisseau des îles Moluques...

A moi maintenant d'interroger.

Emile, voulez-vous nous dire d'où nous retirons le sel.

EMILE. — Le sel se trouve en terre, comme la pierre, le plâtre. On le retire également de sources salées, ou de l'eau de mer.

LE MAÎTRE. — Charles, pouvez-vous nous expliquer comment on fait le vin, la bière... toutes nos boissons ?

CHARLES. — Le vin se prépare avec le raisin ; le cidre avec des poires ou des pommes sauvages ; la bière avec du houblon et de l'orge; l'eau-de-vie avec du marc de raisin, et enfin le vinaigre s'obtient avec du vin aigri, car il signifie *vin aigre.*

LE MAÎTRE. — Très-bien, mon ami. — Nous nous arrêterons ici pour aujourd'hui, et à notre première leçon nous parlerons des vêtements.

CHAPITRE VIII.

LES VÊTEMENTS.

LE COTON. — LA LAINE. — LE CHAMEAU. — LA VIGOGNE. — LA CHÈVRE. — LE LAMA.— L'ALPACA.— LE CASTOR.— LES CHALES DE CACHEMIRE. — LA SOIE. — LÉGENDE. — L'IMPÉRATRICE DE LA CHINE.— LES DISCIPLES DE SAINT BASILE. — LES POISSONS ROUGES. — LES POISSONS NIDIFICATEURS. — LE PINDIER.

LE MAÎTRE. — Dans les premiers siècles du monde, les hommes se vêtirent de peaux de bêtes et en couvrirent leurs tentes. Plus tard, et à mesure de leurs besoins et du progrès que réalisaient leur industrie, leur adresse et leur intelligence, ils arrivèrent à se tresser des nattes et à tisser des étoffes, grossières d'abord, plus correctes ensuite, et enfin perfectionnées comme elles le sont aujourd'hui.

Le chanvre et le lin, connus et cultivés depuis des milliers d'années, sont pour vous des plantes familières que vous voyez croître chaque jour dans nos champs et dans nos jardins, et dont il serait superflu, et même ridicule, de vous faire la description.

Le fil de chanvre est employé surtout dans la fabrication des toiles. — Quant au fil de lin, plus soyeux et plus fin, il sert à la confection des tissus de luxe, des tulles et des dentelles.

ANDRÉ. — Je sais que le coton se recueille sur un arbre appelé cotonnier ; mais là s'arrête ma science. — Nous serions bien contents, Monsieur, si vous vouliez nous donner des détails sur cet arbre.

Figure 9. — Chanvre. (La tige est longue de 1 mètre 50 à 2 mètres 50 centimètres.)

Figure 10.
Lin (hauteur de la tige 50 centimètres.)

LE MAÎTRE. — C'est une plante que l'on croit originaire des régions tropicales de l'Inde, mais qui est cultivée aujourd'hui, et avec succès, dans les parties chaudes et tempérées de l'Amérique, de l'Asie et de l'Afrique, et même dans quelques provinces méridionales de l'Europe.

On distingue plusieurs espèces de cotonnier; les unes sont herbacées et annuelles, c'est-à-dire se reproduisent tous les ans, comme le blé, l'avoine ; d'autres sont bi-sannuelles et ne donnent des fruits que la seconde année, comme la carotte, le navet ; d'autres enfin sont vivaces et ont une durée indéterminée : ce sont de véritables arbres.

Les fleurs du cotonnier ont la forme d'une cloche et, sui-

FEROT.

Fig. 11. — Branche de cotonnier.

vant les climats et les familles, sont d'un rouge pourpre ou d'un jaune safran. Ces fleurs donnent naissance à des fruits ou *coques*, de la grosseur d'un œuf de poule. Ces fruits sont divisés intérieurement en plusieurs loges ou compartiments, qui contiennent chacun de petites graines noirâtres, entourées d'une bourre douce et blanche ou jaune : c'est le coton. A l'époque de la maturité, les fruits s'ouvrent d'eux-mêmes, et le coton s'échappe sous la forme de longs filaments, que le vent emporte au loin, si l'on n'y prend garde.

Le cotonnier vient de graine et il se sème au mois de mars ou d'avril. — Lorsque la terre a été bien labourée, on la coupe de petites rigoles pour l'écoulement des eaux. Ensuite, à des distances qui varient entre cinq et six mètres, on creuse des trous d'une profondeur de trente centimètres, et dans chacun d'eux on place deux ou trois graines. Après six ou sept jours, si le temps est favorable, on voit sortir de terre les germes de la graine. Quelques jours plus tard, et lorsque la jeune plante est bien élancée, on choisit la plus vigoureuse, la mieux constituée, on la laisse seule dans un trou, et on en extirpe les autres. Quand elle est parvenue à la taille de quarante à cinquante centimètres, on l'arrête dans sa croissance en cassant la partie supérieure de la tige ; alors les branches latérales se développent. — Dès les premiers jours de juin, les fleurs apparaissent ; les fruits leur succèdent bientôt et la récolte se fait aussitôt qu'ils commencent à s'entr'ouvrir.

Dès qu'une tige ou une branche a porté son fruit à maturité, elle est coupée, afin que de nouveaux jets se produisent ; sans cette précaution, l'arbuste périrait en très-peu de temps.

De tous les arbres qui croissent sur la surface du globe, le cotonnier est, sans contredit, l'un des plus utiles. En Europe seulément, le coton donne du travail à plus de cinq millions d'ouvriers, et livre au commerce et à l'industrie des produits pour plus de cinq milliards de francs.

Enfin, le coton filé est converti en étoffes qui prennent les noms de cotonnade, calicot, percale, madras, nankin, indiennes, mousselines, rouenneries, toiles d'Alsace, velours, draps.

ANDRÉ. — Je croyais, Monsieur, que le drap se fabriquait avec de la laine.

LE MAÎTRE. — Et vous aviez parfaitement raison ; seulement comme les draps de laine se vendent très-cher, les fabricants ont essayé d'employer le coton à cet usage, en le mêlant à une certaine quantité de laine. Ils ont ainsi obtenu un drap léger, que l'on appelle généralement *drap d'été*, parce qu'il est moins épais, moins chaud que le drap ordinaire et que, par conséquent, on ne peut le porter qu'en été.

Ai-je besoin de vous dire qui produit la laine?

LES ENFANTS. — Oh non, Monsieur, nous le savons tous : c'est la toison du mouton et de la brebis.

LE MAÎTRE. — On donne également le nom de laine au poil de la *vigogne*, du *lama*, de l'*alpaca*, du *castor*, du *chameau* et de la *chèvre du Thibet* et de *Cachemire*.

LES ENFANTS. — Parlez-nous de ces animaux, Monsieur ; ce sont pour nous des étrangers.

LE MAÎTRE. — J'en serai véritablement enchanté : vous savez que vos questions me causent toujours un vif plaisir, car elles me sont une preuve de l'attention que vous apportez à nos causeries et des remarques qu'elles vous inspirent.

Pour plus de clarté, nous allons procéder méthodiquement, c'est-à-dire passer du connu à l'inconnu. — Cela posé, je commence par le chameau, *le navire du désert*, comme l'appellent les Arabes dans leur style imagé.

Fig. 12. — Chameau (hauteur mesurée au garrot, 2 mètres 50).

LES ENFANTS. — Nous le connaissons tous, Monsieur, des saltimbanques en avaient un à la foire dernière.

LE MAÎTRE. — Passons alors à son plus proche parent,

au *lama,* qui lui ressemble tellement, qu'on l'a souvent nommé le *chameau du Nouveau-Monde.*

Il ne diffère du chameau d'Afrique que parce qu'il n'a pas de bosse, et qu'il a les doigts séparés les uns des autres.—

Figure 13. — Lama (hauteur prise au garrot 1 mètre).

Cependant il a la taille moins grande que l'habitant du désert, mais son port est plus élégant, son allure plus coquette, ses mouvements plus vifs.

Le lama vit en troupe dans les Cordillières des Andes, en Amérique. Il gravit sans crainte les rochers les plus escarpés, et parfois s'avance, dans ces montagnes, jusqu'aux neiges éternelles.

ANDRÉ. — Qu'est-ce que les neiges éternelles, Monsieur?

LE MAÎTRE. — Ce sont des neiges qui ne fondent jamais, parce que les montagnes sur lesquelles elles se trouvent sont trop élevées et par cela même trop froides.

Le lama a le naturel doux, calme, paisible, et se soumet très-facilement à la domesticité. Il rend alors les mêmes services que l'âne et le mulet, parce qu'il a le pied sûr et peut, sans crainte du vertige, suivre les sentiers les plus étroits et les plus dangereux, et côtoyer les plus horribles précipices. — Seulement, à côté de ces bonnes qualités, il a les défauts de sa famille : il est entêté. Si, après avoir été maltraité, il s'avise de se coucher, il faut le laisser faire ; ni les caresses, ni les menaces ne le décideront à reprendre sa marche ; il se laisserait tuer plutôt que de se relever ; sans doute il s'imagine, comme le font les gens absolus, que c'est de la fermeté de caractère, lorsque ce n'est qu'un entêtement stupide.

La *vigogne* et l'*alpaca* appartiennent à la même famille, mais avec des proportions réduites, des formes plus sveltes, des jambes plus grêles et plus longues, de beaux yeux noirs plus intelligents, une physionomie plus fine, un ensemble plus gracieux.

La laine de la vigogne est supérieure à celle de l'alpaca et présente elle-même des nuances assez tranchées, qui font estimer à différentes valeurs celle du dos, des côtés et du ventre. La laine du ventre, de la poitrine, du dedans des jambes et des cuisses est d'un blanc d'argent, longue et peu soyeuse : c'est la moins estimée. Vient en second ordre celle des flancs, qui est jaunâtre. Enfin, celle du dos, très-courte, très-veloutée et d'une couleur plus foncée, a le plus de valeur.

CHARLES. — Ces animaux vivent-ils en domesticité, Monsieur ?

LE MAÎTRE. — En Amérique on en élève quelquefois, mais uniquement par curiosité, et alors leur toison perd de ses précieuses qualités. Ces animaux vivent à l'état sauvage, en pleine liberté, et on ne les chasse que pour leurs dépouilles.

D'après l'ordre que nous nous proposons de suivre, la chèvre doit venir en ligne directe après l'alpaca et la vigogne.

Vous avez tous vu, sur votre géographie et sur vos cartes, que le Thibet est une province de l'Empire chinois. Or, cette province est presque entièrement couverte de montagnes, qui sont les plus hautes du globe avec le Chimborazo, de l'Amérique du Sud. C'est sur les pics les plus élevés de ces montagnes, que se plaisent les chèvres dites du Thibet, qui n'ont rien de particulier que leurs jambes très-courtes, leurs cornes très-longues, leur tête très-grosse, et leur poil d'un moelleux, d'une douceur, d'une finesse qui rivalise avec celle de la soie.

Enfin, comme vos connaissances sont déjà étendues, quoique vous vous plaigniez de ne rien savoir, vous vous rappelez également que Cachemire se trouve aussi en Asie, et dans les environs du Thibet.

ANDRÉ. — Notre géographie donne Cachemire comme un royaume, serait-ce une erreur ?

LE MAÎTRE. — Cachemire est réellement un royaume, mais qui a pour capitale la ville du même nom. Les chèvres de cette contrée sont, à quelques légères différences près, les mêmes que celles du Thibet ; elles ont des habitudes semblables, une manière de vivre analogue ; seulement leur poil est plus riche encore en matière soyeuse. C'est avec ce poil que se fabriquent les châles *cachemires* qui se vendent plusieurs milliers de francs, et qui nous sont expédiés de ces lointains parages.

Si j'ai bonne mémoire, je crois me souvenir que vous avez lu dernièrement un chapitre relatif aux travaux des castors. — Quelqu'un parmi vous aurait-il la mémoire assez fidèle pour nous faire la leçon ?

ANDRÉ. — Moi, Monsieur ?

LE MAÎTRE. — Commençons alors ; nous vous écoutons, les oreilles tout ouvertes.

ANDRÉ. — Le castor a la taille d'un chien de grandeur moyenne. Mais il peut arriver, dans certains pays, à une longueur d'un mètre, et sa queue, qui fait l'office de truelle et de nageoire, peut mesurer de trente à trente-cinq centimètres.

LE MAÎTRE. — A quoi peuvent lui servir une nageoire et une truelle. Est-ce qu'il est maçon ? Est-ce que c'est un poisson ?

ANDRÉ, *en riant*. — Il est l'un et l'autre, Monsieur ; ou du moins il vit dans l'eau comme le goujon et la carpe, et il construit des bâtiments comme le père de Charles, qui répare notre maison en ce moment.

LE MAÎTRE, *riant aussi*. — Allons, expliquez-vous d'une manière plus précise et plus détaillée, afin que nous soyons renseignés à cet égard.

ANDRÉ. — Le castor est un quadrupède qui se nourrit de

racines, de feuilles et d'écorce d'arbres; mais il passe une grande partie de sa vie dans l'eau, et c'est pour cela qu'il

Fig. 14. — Castor (1 mètre de longueur, en y comprenant la queue).

s'y construit une habitation. Plusieurs castors s'étant réunis, se mettent à la recherche d'un emplacement convenable. Ils préfèrent les bords des rivières dont le cours est rapide, car ces cours d'eau sont moins exposés à être gelés en hiver. Avec leurs dents, qui sont tranchantes comme des scies, ils coupent les arbres qui leur sont nécessaires pour leurs constructions. Ils les entrelacent ensuite et en font une sorte de mur, qu'ils rendent plus solide en y mêlant de la glaise et du limon. Ils battent ce mortier avec leur queue, qui fait, ainsi que je l'ai dit, le service d'une truelle.

3.

LE MAÎTRE. — Est-ce donc une maison commune, servant à toute une tribu?

ANDRÉ. — Non, Monsieur ; chaque famille a une cabane particulière, et composée de deux étages, ce qui est mieux encore.

LE MAÎTRE. — Alors il y a des locataires ?

ANDRÉ. — Oh, Monsieur, vous voulez vous moquer ; car vous savez tout cela mieux que moi.

LE MAÎTRE. — Peut-être oui, peut-être non ; mais je suis curieux, je vous l'ai répété souvent, et je veux avoir la raison de tout. Expliquez-nous donc l'usage de ce rez-de-chaussée et de ce premier étage.

ANDRÉ. — Dans le rez-de-chaussée se trouvent les provisions de bouche, les écorces, le bois tendre, qui conservent leur fraîcheur, puisqu'ils restent dans l'eau. L'étage supérieur est la demeure habituelle du castor, qui s'y tient une grande partie de la journée, et qui ne la quitte que pour aller de temps à autre prendre un bain dans la rivière...

C'est tout ce que je sais, Monsieur.

LE MAÎTRE. — Très-bien, mon ami, très-bien. Vous savez profiter de vos lectures et je vous en félicite sincèrement. Pour compléter cette leçon, j'ajouterai seulement que le castor est aujourd'hui très-rare en Europe. On en rencontre encore quelques-uns en France ; mais ce sont des individus isolés et qui, ne vivant plus en société, ont perdu cet instinct merveilleux dont les avait doués la nature. Il faut se transporter dans les contrées sauvages de l'Amérique, dans les vallées désertes du Canada, pour retrouver les villages aquatiques du castor.

La fourrure du castor est composée de deux sortes de

poils : l'un plus court, mais très-touffu, fin comme le duvet, impénétrable à l'eau et qui se trouve immédiatement sur la peau ; l'autre, plus long, plus ferme, plus rare et qui ne sert qu'à garantir le premier. L'hiver est la saison la plus favorable pour la chasse au castor, parce que c'est l'époque où la fourrure est complète, pleine, remplie. Chaque peau vaut en moyenne cinquante francs. Avec ce chiffre vous pouvez calculer quel tribut nous payons à l'Amérique pour ses castors, lorsque je vous aurai dit que nous recevons, année ordinaire, cinquante mille fourrures.

LES ENFANTS. — Cinquante mille ! Mais il y en a donc des troupeaux innombrables...

LE MAÎTRE. — Quoique moins nombreux qu'autrefois, les castors habitent encore en assez grand nombre certaines contrées de l'Amérique du Nord. Mais il me semble que vous négligez de me dire le montant de notre dépense.

CHARLES. — C'est facile à trouver, Monsieur : cinquante mille multipliés par cinquante francs... donnent... deux millions et demi.

LE MAÎTRE. — Exactement. Enfin pour terminer, je vous dirai que le poil du castor est employé à la fabrication des gants, des bas, des fourrures, du feutre. Autrefois on en faisait des chapeaux très-fins, appelés *Castors*, mais ils ont été remplacés, dans ces dernières années, par les chapeaux en soie que l'on porte aujourd'hui.

ANDRÉ. — Quelle étoffe fait-on avec le poil du chameau, Monsieur ?

LE MAÎTRE. — Il sert à préparer différentes qualités de draps, toutes remarquables par leur souplesse et par leur imperméabilité à l'eau. — Ces draps peuvent supporter des heures entières la pluie la plus froide et la plus pénétrante, sans en être complétement imprégnés.

Les flanelles, les serges, les casimirs, les thibétaines, les vigontines, les castorines, les alpacas, etc. etc., sont fabriqués avec les poils des animaux que nous venons d'étudier.

Quant à la laine de nos moutons, après avoir été soumise à diverses manipulations, elle est convertie en drap de toutes les qualités, de toutes les valeurs, de toutes les nuances, de tous les goûts et de tous les prix.

Des diverses substances qui servent à la confection des étoffes de nos vêtements, il ne nous reste plus à étudier que la soie, qui est filée par une chenille vivant sur le mûrier, et qui porte le nom vulgaire de ver à soie. — Son nom scientifique est *bombyx*.

Je ne vous répéterai pas toutes les fables qui ont été débitées sur le ver à soie; je me bornerai à vous citer quelques passages d'un ouvrage intitulé : « *Histoire générale de la Chine*, » et où il est question de cet insecte, qui nous vient encore du Céleste-Empire, comme l'arbre à thé.

Vers l'an 1300 de la création du monde, c'est-à-dire environ 2700 ans avant la naissance de Notre-Seigneur, la Chine avait pour souverain un vrai sage, qui régna près d'un siècle, et fut surnommé *Hung-Ti* ou *Hoang-Ti*, mot qui signifie : *Empereur de la terre*. Hung-Ti rendit ses peuples heureux, en leur enseignant à cultiver la terre, à construire des maisons, des moulins, des vaisseaux, des chars et autres ouvrages qui rendirent son nom immortel. C'est en l'honneur de sa mémoire et pour rendre hommage à l'agriculture, qu'aujourd'hui encore l'empereur de la Chine, à un certain jour de l'année, se rend solennellement à la campagne, et en présence d'une foule venue de

Fig. 15. — Bombyx du mûrier.

toutes les provinces, trace plusieurs sillons avec une charrue, prépare la terre et y sème des graines.

Hung-Ti désirant que sa femme, l'impératrice Si-Ling-Chi, contribuât aussi pour sa part au bien-être et à la richesse de ses sujets, lui conseilla d'étudier les vers à soie, qui étaient déjà connus, mais dont on ne tirait aucun parti. Désireuse de faire le bien, Si-Ling-Chi, avec les plus grandes dames de la cour, observa attentivement les diverses transformations du bombyx, et après de nombreux essais, parvint à dévider la soie de l'insecte et à l'employer à la fabrication des étoffes de luxe. L'exemple fut bientôt suivi, et la culture du ver à soie devint une des branches les plus importantes du commerce de cette contrée.

Durant une période de trois mille années, la Chine, l'Inde, la Perse et l'Arabie fournirent à l'Europe la soie, dont on faisait déjà un grand usage, et qui se vendait véritablement au poids de l'or.

Les Enfants. — Mais comment n'apportait-on pas en Europe des vers à soie de ces contrées?

Le Maître. — Sous peine de mort, il était défendu aux ouvriers en soie de révéler leur secret. La même peine était appliquée à tout étranger reconnu coupable d'avoir dérobé des œufs du bombyx. Quelques exécutions capitales ayant eu lieu, les tentatives ne se produisirent plus que de loin en loin et échouèrent toujours, précisément à l'heure où l'on croyait qu'elles allaient aboutir. Enfin, vers le VIe siècle de notre ère, deux moines, missionnaires de l'ordre de Saint-Basile, ayant pénétré jusque dans l'intérieur de la Chine, furent initiés à force d'adresse, de ruse, et au risque de leur tête, aux opérations de l'élevage du bombyx et de la préparation de la soie. L'empereur Justinien régnait alors à Constantinople, et plus d'une fois il avait offert des récompenses considérables à quiconque parviendrait à se procurer *la graine de la plante* dont on extrayait la soie. On s'imaginait, vous le devinez sans doute, que la soie était le produit d'un végétal, comme le lin et le chanvre.

Les moines se rendirent à Constantinople et proposèrent à Justinien d'enrichir ses États par la culture du ver à soie. La proposition fut acceptée. Les moines retournèrent en Chine et ne revinrent à Constantinople que deux années après; mais ils avaient réussi dans leur téméraire entreprise.

Les Enfants. — Et comment donc avaient-ils pu cacher leurs vers à soie pendant un si long voyage? Cela semble bien difficile.

Le Maître. — Vous êtes un peu incrédules, et je ne puis vous en faire un reproche, car il n'y a que les insensés et les ignorants qui croient tout sans discussion et sur parole. Votre remarque est toute naturelle et j'y réponds. A leur départ, les moines s'étaient munis de bâtons creux, qu'ils avaient remplis de terre, afin de leur conserver leur poids. C'est dans ces bâtons creux qu'ils avaient caché, non pas des vers à soie, comme vous le supposez, mais bien des œufs de l'insecte.

Les Enfants. — Alors tout s'explique facilement. Mais il fallait être bien rusé pour imaginer ce moyen.

Le Maître. — Les moines l'étaient probablement. Les œufs, ainsi venus de la Chine, furent mis dans du fumier très-chaud. Les vers ne tardèrent pas à éclore. Suivant les instructions des missionnaires, on les nourrit de feuilles de mûrier, et quelques années après, comme l'avaient prédit les deux intrépides voyageurs, les États de l'empereur Justinien s'étaient enrichis, parce que la culture des vers à soie s'y pratiquait sur la plus vaste échelle.

Fig. 16.
Disposition du fil
dans le cocon.

C'est donc au courage et au dévouement de deux pèlerins que nous devons de connaître le secret des Chinois; car de la Turquie, le bombyx fut quelque temps après introduit dans presque toutes les contrées de l'Europe, où le climat lui permet de vivre.

Pour écrire l'histoire du bombyx qui file la soie, il faudrait de gros volumes. Je vous dirai donc tout simplement que l'insecte est un papillon assez laid, très-lourd, et qui ne peut voler. Le ver qui sort des œufs est lourd également, et se nourrit de feuilles de mûrier. Son corps renferme une matière collante, épaisse, et qui ressemble à de la gomme arabique délayée dans de l'eau : c'est la soie à l'état liquide. Cette soie sort par deux petites ouvertures appelées filières, et situées à la lèvre inférieure de la chenille. Aussitôt que le fil est à l'air, il se durcit.

Je vous ai déjà expliqué que les chenilles, avant de se transformer en papillons, s'enferment dans une enveloppe, se suspendent à une branche d'arbre, à un objet quelconque, et qu'alors elles ressemblent à un enfant emmaillotté. Eh bien, l'enveloppe du bombyx est faite toute de soie, et on l'appelle *cocon*.

Si l'on attendait la naissance du papillon qui doit sortir du cocon, la soie serait perdue, parce que, pour se frayer un passage, l'insecte percerait l'enveloppe. Aussi, dès que les cocons sont terminés, on les soumet à une forte chaleur : le ver périt, et l'on ne s'occupe plus que du dévidage de la soie.

Il est bien entendu que l'on réserve des cocons pour la reproduction du ver à soie.

Vous voyez que c'est encore la Chine qui a fait les frais de notre leçon, que nous terminerons ici, à moins que vous n'ayez quelque question à m'adresser.

ANDRÉ. — Les petits poissons rouges, que l'on voit à la ville, dans des bocaux, ne viennent-ils pas aussi de la Chine, Monsieur?

LE MAÎTRE. — C'est bien leur patrie, comme vous le dites, et on les appelle : *cyprins dorés* ou *dorades de la Chine*.

ANDRÉ. — Offrent-ils quelque chose de curieux dans leur histoire, Monsieur ?

LE MAÎTRE. — Non, rien de remarquable. — L'histoire des poissons est peu connue, car il n'est pas facile d'étudier leurs mœurs au fond de la mer, ou des fleuves et des rivières. Cependant quelques-uns d'entre eux, les poissons nidificateurs, par exemple, présentent des singularités qui ont attiré l'attention des savants et qui méritent notre admiration, à nous, qui sommes de vrais profanes.

LES ENFANTS. — Est-ce qu'il y aurait des poissons qui construiraient des nids comme les oiseaux ? Car c'est bien ce que signifie le mot *nidificateur,* que vous avez employé ?

LE MAÎTRE. — Il y a en effet des poissons qui bâtissent un nid, où ils déposent leurs œufs, tout comme le moineau, le chardonneret.

LES ENFANTS. — Dites-nous comment ils parviennent à faire ce nid, Monsieur ; ce doit être intéressant. Il n'est que l'heure juste ; nous resterons un peu plus longtemps et nos parents ne nous gronderont pas, soyez-en certain.

LE MAÎTRE. — Vous avez toujours le talent de me séduire, mes enfants, parce que vous connaissez mon affection, et peut-être un peu... ma faiblesse pour vous.

LES ENFANTS, *riant.* — Des poissons à nids ! Dites vite, Monsieur, que nous le répétions à nos frères... Nous écoutons.

LE MAÎTRE. — Je le vois, il faut que je cède. Ecoutez donc.

Les naturalistes anciens avaient écrit l'histoire de quelques poissons nidificateurs ; mais les savants modernes avaient traité ces faits de rêves, de contes, de fables. Au moment de la création de l'aquarium du jardin zoologique de France, on a remis à l'étude cette question, qui a été enfin résolue d'une manière irrécusable. Aujourd'hui, quiconque est un peu curieux ou amateur peut se procurer le plaisir de voir l'épinoche préparer les matériaux de son nid, et le construire tout aussi élégant et aussi solide que celui de nos oiseaux les plus experts dans l'art.

EMILE. — L'épinoche est-il un poisson de notre pays, Monsieur ?

LE MAÎTRE. — Assurément, et même l'un des plus communs de nos étangs et de nos ruisseaux. Il n'a guère que quarante à quarante-cinq millimètres de longueur. Il porte sous le ventre trois épines et sur le dos trois autres épines, fort dures, aiguës, acérées, dont il se sert vaillamment quand on l'attaque, et qui sont des armes d'autant plus redoutables et plus perfides, qu'il peut les replier et les redresser à volonté.

LES ENFANTS. — Nous ne le connaissons pas, Monsieur, et il ne doit pas vivre dans nos pièces d'eau?

LE MAÎTRE, *en riant.* — Erreur, vous ne le connaissez pas sous son nom savant d'épinoche; mais vous ne connaissez que lui sous le nom de *pindier*, qu'il porte en Lorraine.

LES ENFANTS, *en riant.* — Comment le pindier et l'épinoche sont le même individu? Et le pindier fait un nid ?

LE MAÎTRE. — Et un nid artistement travaillé et des plus curieux. Voici comment il procède. Lorsqu'il a trouvé un emplacement convenable, sous les algues ou autres plantes aquatiques, à l'abri des courants et de ses ennemis, car il en a beaucoup, en raison de sa petitesse, le pindier se met à l'œuvre. Il va chercher au loin des brins d'herbes, des racines ou des débris de végétaux, les emporte dans sa bouche, les entrecroise, les entrelace, les lie ensemble au moyen de la matière gluante qui suinte de son corps, y joint du sable pour donner plus de solidité à l'édifice, et enfin y pratique une double ouverture, ce qui lui donne la forme d'un manchon, et le fait ressembler assez exactement au nid du troglodyte ou de la mésange à longue queue. Le bâtiment construit, la femelle y dépose ses œufs au nombre de quelques mille.

Ce petit poisson présente encore une autre particularité bizarre : c'est celle de changer de couleur suivant les saisons, les températures, la nature des eaux dans lesquelles il vit, et selon d'autres causes qui échappent à la science humaine. Ainsi on le voit successivement passer du blanc mat au rouge pourpre, du jaune d'or au bleu d'azur, des teintes les plus sombres aux teintes les plus brillantes, s'approprier, en un mot, toutes les nuances, toutes les richesses des sept couleurs de l'arc-en-ciel.

Les Enfants *émerveillés*. — Qui de nous aurait jamais pu penser que le petit pindier pouvait être si intéressant ?

Le Maître. — Tout est intéressant, tout est beau, tout est sublime, tout est mystère dans la nature, parce que la nature est l'œuvre de Dieu, dont la puissance, la sagesse et la bonté n'ont ni bornes, ni limites.

CHAPITRE IX.

LES VÊTEMENTS (SUITE).

LES CHAPEAUX. — LE FEUTRE. — LE CUIR. — LES SANDALES. — LES SOULIERS. — LES TANNEURS. — LES CORROYEURS. — LES HONGROYEURS. — LES MÉGISSIERS ET LES FOURREURS. — LA BASANE. — LE PARCHEMIN. — LE CHAGRIN. — LA PEAU DE TAMBOUR. — L'AMIANTE. — LES NAPPES DES ANCIENS. — LA SALAMANDRE. — FRANÇOIS Ier. — CHARLES-QUINT. — LE VATICAN.

LE MAÎTRE. — Jusqu'à présent, nous nous sommes préoccupés des vêtements d'étoffe, et nous avons négligé la coiffure et la chaussure. — Aujourd'hui, nous allons aborder ces questions, auxquelles d'autres viendront se joindre qui s'y rattachent d'une manière indirecte, mais qui ont aussi leur importance, vous en jugerez par vous-mêmes.

En France, il n'y a véritablement que deux sortes de coiffures : la casquette et le chapeau.

EMILE. — Et les chapeaux, et les bonnets, et les toques des dames, Monsieur ?

LE MAÎTRE. — Les coiffures des dames ne sont pas formées d'une matière spéciale; comme les casquettes, elles sont un composé de diverses étoffes que nous connaissons; il est par cela même inutile de nous y arrêter. Notre tâche ne sera donc pas pénible, puisqu'elle se bornera au feutre et au cuir, pour la partie principale du moins.

Le chapeau de soie est le chapeau de toilette; aussi est-il généralement porté dans les villes. Il se compose, à l'intérieur, d'une charpente, ou si vous aimez mieux, d'une carcasse de carton ou de toile, simplement recouverte de soie.

Le chapeau de feutre est la coiffure négligée; ainsi que je vous l'ai dit ces jours derniers, le prix élevé des fourrures de castor ne permet plus d'en employer le poil que pour les chapeaux de prix, et le feutre commun se fait ordinairement avec les poils de lièvre, de lapin, de veau et de chameau. Le feutrage est une opération d'une grande simplicité.

Le chapelier commence par nettoyer les peaux, à l'aide d'une *carde*, qui n'est autre chose qu'un peigne en fer. Il arrache ensuite les poils, puis il les fait sautiller sur un tamis avec une baguette appelée *arçon*. Les poils de lapin, de lièvre, de veau, de chameau, bien emmêlés entre eux, sont placés dans une toile dite *feutrière*, que l'on mouille, que l'on plie et replie à maintes reprises, pour former une sorte de pâte avec les poils. Cette pâte est enfin trempée dans une grande cuve où se trouve un bain bouillant de lie de vin. Là, *on foule* les poils à la main et à la brosse, et l'on obtient ainsi le feutre, qui est propre à recevoir toutes les formes et toutes les couleurs. Afin que le chapeau conserve sa solidité, on mêle à la pâte une certaine quantité de gomme, et pour que l'eau ne le pénètre pas, on l'enduit intérieurement de colle-forte ou de caoutchouc.

Les chapeaux fins sont faits de poils de lièvre ou de lapin; ceux de qualité inférieure sont du feutre dans lequel on a introduit une certaine quantité de laine de mouton.

Les chapeaux de paille se tressent à la main, avec la paille du blé, du seigle et du riz.

Les chapeaux d'osier, de bois, de filaments d'arbres, se fabriquent exactement de la même manière.

Quant aux chapeaux de cuir, dont se coiffent les marins, ils sont confectionnés avec du cuir que l'on a ramolli dans de l'eau bouillante et que l'on a ensuite moulé.

Le cuir nous conduit tout naturellement à la chaussure.

De tout temps, les hommes ont su tirer parti des dépouilles des animaux sauvages qu'ils avaient tués à la chasse, et des animaux domestiques qu'ils avaient sacrifiés à leurs besoins, pour en manger la chair. Mais combien d'années, combien de siècles peut-être il s'est écoulé, avant que la préparation des cuirs soit parvenue au degré de perfection que l'on atteint aujourd'hui.

EMILE. — Est-ce que les premiers hommes connaissaient l'usage des chaussures, Monsieur? Sur les tableaux qui sont à l'église et qui représentent la passion de Notre-Seigneur, les hommes et les femmes ont les pieds presque nus, car ils ne portent qu'une semelle épaisse, liée aux pieds par des courroies.

LE MAÎTRE. — Nos premiers parents habitaient l'Asie Mineure, dont le climat est très-doux, et leurs chaussures n'étaient en effet qu'une sorte de semelle en bois, attachée par des lanières d'écorce d'arbre. Dans les pays méridionaux, ces chaussures sont encore de mode et les seules connues : on les appelle des *sandales*. Si vous aviez visité l'Exposition universelle de 1867, vous auriez pu voir des Orientaux, se promenant fièrement dans les rues de Paris, et simplement chaussés de sandales. Il est vrai de dire que l'Exposition avait lieu aux mois d'août et de septembre, qui sont des époques favorisées pour la température, et qui en 1867 ont été d'une chaleur exceptionnelle : il semblait que les éléments eux-mêmes se fussent conjurés pour être agréables aux étrangers qui venaient des extrémités du monde visiter notre belle France.

Des sandales, la chaussure primitive des peuples primitifs, on a dû arriver directement à la fabrication des sabots.

Enfin, des sabots on a passé, mais par des tâtonnements nombreux, des essais plus ou moins heureux, aux chaussures de cuir, que nous portons aujourd'hui.

La préparation des cuirs se compose de plusieurs opérations qui exigent une année, quinze, et souvent dix-huit mois de travail.

CHARLES. — Je croyais qu'il suffisait de faire sécher les peaux, puis d'en enlever le poil. Quelles sont donc ces opérations si longues ?

LE MAÎTRE. — Les peaux livrées au commerce sont ou fraîches ou salées, c'est-à-dire sèches.

Les peaux fraîches, qu'on nomme aussi *cuirs verts*, sont fournies par les bouchers, aussitôt qu'ils en ont dépouillé les bœufs, les veaux, les vaches, les moutons, les chevaux, etc.

Les peaux sèches arrivent de pays éloignés, et on a dû les saler ou les dessécher, pour les préserver de la pourriture.

Ces peaux fraîches ou sèches, livrées au tanneur, sont nettoyées, appropriées avec le plus grand soin, et ensuite plongées dans un bain d'eau de chaux, qui détache les poils que l'on fait tomber facilement ensuite, à l'aide d'un couteau qui a la forme d'une faucille.

C'est là ce que l'on appelle l'*épilage* ou le *débourrage* des peaux.

EMILE. — Que veulent dire ces deux mots, Monsieur?

LE MAÎTRE. — Ils ont exactement la même signification et peuvent se traduire ainsi : *épilage*, action d'enlever les poils ; *débourrage*, action d'enlever la *bourre*. La bourre est la réunion des poils, d'où est venue la qualification de *bourrelier*, donnée aux ouvriers qui emploient cette matière pour garnir les colliers des chevaux.

Puisque j'ai commencé à vous expliquer la valeur et l'origine de ces trois expressions, je dois continuer et vous dire que le nom de *tanneur* est un dérivé du mot *tan*.

Le *tan* est simplement l'écorce réduite en poudre du chêne, du bouleau, de l'aulne, du saule et de quelques autres arbres. Il y a des moulins à tan, comme il y a des moulins à farine.

EMILE. — Quelle ressemblance peut-il y avoir entre la profession de tanneur et celle de meunier d'écorce? Je n'en vois aucune et je ne comprends pas bien.

LE MAÎTRE. — Un peu de patience, mon ami. J'ai dit que les peaux étaient complétement débarrassées de leur poil. On les dépose alors dans une grande cuve remplie, en partie, de *jus de tan*, c'est-à-dire d'une eau qui a passé sur du tan et qui a déjà servi au tannage. Dans ce bain, les peaux se gonflent démesurément. Après un certain temps, on les en retire et seulement alors vient le *tannage* proprement dit.

Au fond d'une fosse profonde, on étend une peau, et on la couvre de *tan* ou de farine d'écorce, je le répète. Sur ce tan, on couche une autre peau, sur laquelle on répand un autre lit de tan. Et l'on continue ainsi jusqu'à ce que la fosse soit entièrement pleine. On fait ensuite arriver sur la fosse un filet d'eau qui dissout le tan, le réduit en une substance appelée *tannin*, qui pénètre les peaux et a la propriété de les rendre *imputrescibles*, c'est-à-dire qu'elle les préserve de la pourriture.

Emile comprend-il maintenant le sens du mot *tanneur*?

EMILE. — Rien n'est plus simple, Monsieur. Combien de temps les peaux restent-elles ainsi dans la fosse?

LE MAÎTRE. — Elles y séjournent cinq, six, huit, dix mois, selon leur épaisseur et leur qualité. Mais le travail n'est pas terminé, et suivant leur destination, les peaux doivent passer entre les mains ou du *corroyeur*, ou du *hongroyeur*, ou du *mégissier*, ou du *fourreur*, ou du *chamoiseur*.

Le corroyeur assouplit les peaux, en règle et en égalise l'épaisseur, et quelquefois les noircit. C'est lui qui prépare, ainsi que le tanneur, les cuirs de nos chaussures, des selles et des harnais de nos chevaux.

Le hongroyeur s'occupe des cuirs épais qui doivent couvrir nos carrosses, nos berlines.

Le mégissier et le fourreur travaillent les peaux fines, qui doivent rester ornées de leurs poils et qui sont destinées à devenir des objets de luxe, plutôt que de nécessité : descentes de lit, manchons, palatines, boas...

ÉMILE. — Le boa n'est-il pas un serpent, Monsieur?

LE MAÎTRE. — Et l'un des plus grands serpents connus. Le boa dont je parle est simplement une fourrure étroite et longue, qui a la forme d'un serpent, et que les dames portent autour du cou, comme nous portons nos cache-nez.

Les boas les plus recherchés, les plus estimés, sont faits de peau de martre.

La martre est un petit animal de la famille et de la taille du putois, de la belette, de la fouine et du furet, qui vivent chez nous et ravagent assez fréquemment nos poulaillers; vous ne les connaissez que trop.

Enfin le chamoiseur, qui est un véritable artiste, prépare les peaux qui doivent être transformées en gants, en pantalons, en gilets et en casquettes de chasse.

CHARLES. — N'y a-t-il pas un cuir fin que l'on appelle *maroquin*, et qui prend toutes les couleurs?

LE MAÎTRE. — Le maroquin est de la peau de chèvre tannée avec le tan d'un arbre appelé *sumac,* dont les feuilles desséchées donnent une belle teinture jaune, et qui ressemble, trait pour trait, à l'acacia de nos bosquets. — De même que la *basane,* qui est une peau de mouton, le maroquin peut être diversement coloré.

Le *parchemin,* que l'on employait autrefois au lieu de papier, pour les actes publics, se fait avec des peaux de veau, de mouton ou d'agneau.

Et enfin les peaux de tambour sont des peaux d'âne, de bouc ou de chèvre.

ÉMILE. — J'ai entendu plusieurs fois dire : ce livre est relié en peau de chagrin. Qu'est-ce que le chagrin, Monsieur ?

LE MAÎTRE. — Le cuir appelé *chagrin* nous vient de Constantinople ou de l'Afrique. Il se vend très-cher, et on l'obtient par le tannage de la peau de la croupe du cheval, de l'âne ou du mulet. Il est couvert de *grains* qui en font la beauté et qui sont le résultat d'une manipulation particulière.

La peau étant ramollie, quoique tannée, on répand dessus une graine quelconque, mais menue ; c'est le plus souvent la graine de moutarde qui est employée à cet usage. On recouvre le tout d'un feutre assez résistant et l'on met sous presse la peau, la graine et le feutre.

La peau étant molle, la graine pénètre dedans et y creuse de petits trous qui, par leurs intervalles, produisent les aspérités du chagrin.

Les Européens, les Français surtout, qui sont gens d'invention, ont imaginé d'imiter le chagrin avec des peaux de mouton ou de chèvre, sur lesquelles ils ont appliqué des planches en cuivre gravées. — Ils ont obtenu ainsi des peaux dites *chagrinées*, c'est-à-dire à grains ; mais ces peaux se déchirent facilement et ne remplacent que d'une manière imparfaite le véritable chagrin.

A chaque pays, à chaque peuple et à chaque individu, sa spécialité ; de même, à chacun de nous son métier.

Notre causerie pourrait finir à la peau de chagrin, puisque nous avons épuisé notre programme relatif aux vêtements ; mais je tiens à vous parler encore d'une substance minérale, d'une pierre très-curieuse, avec laquelle on est parvenu à faire des étoffes qui ont la propriété d'être inaltérables au feu.

ANDRÉ. — Il n'y a pas longtemps qu'on la connaît, peut-être ? Car il n'en est fait mention dans aucun des ouvrages de la bibliothèque de l'école.

LE MAÎTRE. — Je ne puis pas vous dire exactement à quelle époque on l'a découverte, parce que les auteurs an-

ciens ne précisent rien à cet égard ; mais je puis vous affirmer, et j'ai des preuves à l'appui, qu'elle était en usage
chez les peuples de l'Europe il y a plusieurs milliers
d'années.

ANDRÉ. — Plusieurs milliers d'années...! Les livres de
science de la bibliothèque sont donc des ignorants, puisqu'ils n'en disent pas un mot.

LE MAÎTRE. — Les livres vous enseignent ce qu'ils sa-
vent, mon ami; c'est beaucoup, et vous devez les en re-
mercier. Mais une petite bibliothèque scolaire, comme la
nôtre, n'est pas universelle et ne possède pas toute la
science humaine.

Contentons-nous d'abord de ce qu'elle nous donne ; avec
le temps, nous arriverons à augmenter le nombre de nos
volumes. Si Dieu a mis six jours à créer le monde, c'est bien
un peu pour nous montrer que, suivant le précepte de la
sagesse, nous devons nous hâter lentement, c'est-à-dire
sagement. Voulez-vous maintenant que je vous dise ce
que vous n'avez pas trouvé sur nos livres ?

LES ENFANTS. — Oh, avec bonheur, Monsieur.

LE MAÎTRE.—Notre substance minérale s'appelle *amiante*
ou *asbeste*.

Le mot *amiante* vient du grec *amiantos*, et veut dire :
qui ne peut être souillé ou brûlé. — Asbeste appartient à la
même langue et est formé du mot *asbestos*, qui se traduit
en français par cette phrase : *qui ne peut être consumé.*
Vous voyez que si les mots ne se ressemblent pas par la
figure, ils ont, à quelque différence près, la même signification.

En vertu de ses merveilleuses qualités, l'amiante a reçu

aussi les dénominations de *lin incombustible* — qui ne peut s'enflammer — et de *laine de salamandre*.

Cette dernière expression a besoin d'être expliquée, n'est-ce pas, parce que vos connaissances en histoire naturelle ne sont pas encore assez étendues pour que vous puissiez en saisir la valeur réelle.

La salamandre est une espèce de lézard, de quinze à vingt centimètres de longueur. Elle a la tête large et plate comme celle du crapaud, quatre doigts aux pattes de devant et cinq à celles de derrière. Comme les crapauds, encore, on la rencontre sur terre, dans les lieux marécageux, au sein des eaux bourbeuses ; et, de même que les lézards, elle est timide, inoffensive, s'enfuit et se cache au bruit le plus léger, au bourdonnement inattendu d'un insecte, à la chute d'une feuille.

Sa peau semble percée d'une infinité de petits trous, que l'on aperçoit même sans le secours d'aucun instrument, et desquels, lorsque l'animal est irrité, jaillit, à d'assez longues distances, une matière laiteuse et glaireuse qui a valu à la salamandre sa réputation d'*incombustible*. Les anciens prétendaient qu'elle pouvait vivre dans les flammes les plus ardentes, et que plusieurs salamandres jetées au milieu d'un incendie l'éteignaient instantanément.

Aussi notre roi chevalier, François I⁰ʳ, avait-il pris pour devise une salamandre se jouant au milieu d'une fournaise, avec cette légende : *J'y vis et je l'éteins*.

Vous avez compris maintenant pourquoi on donne à l'amiante le nom de *laine de salamandre*.

L'Enfant.—Oui, Monsieur. Mais n'y avait-il rien de vrai dans les fables débitées sur le compte de la salamandre ?

6.

Le Maître. — Je vous ai déjà dit, et je vous le répète, dans toute fable et dans toute légende il y a un fond de vérité. Les savants ont donc voulu s'assurer des prodigieuses facultés attribuées à la salamandre, et le premier qui fit des expériences concluantes fut un Français, M. de Maupertuis. Il prit un très-grand réchaud dans lequel il plaça des charbons allumés. Sur ces charbons il jeta une dizaine de salamandres ; huit d'entre elles expirèrent sur-le-champ ; les deux autres s'enfuirent et sortirent à demi brûlées. A une seconde épreuve, elles succombèrent dans les flammes, comme leurs huit sœurs ou parentes, ou amies. M. de Maupertuis renouvela l'expérience, et les mêmes faits, c'est-à-dire les mêmes morts se reproduisirent dans les mêmes conditions. Le prestige de la salamandre fut détruit.

Cependant il y a une explication assez acceptable, pour les gens crédules, à l'incombustibilité annoncée par les anciens. A peine la salamandre a-t-elle pénétré dans les flammes, que tout son corps se couvre de ce liquide visqueux et gluant dont je vous ai parlé. Ce liquide, qui se durcit sur les charbons, les noircit et les éteint, lorsqu'ils ne sont que médiocrement allumés. Mais, je vous l'ai dit, l'explication n'est acceptable que pour les gens crédules, attendu que les grenouilles et les limaçons produisent le même phénomène sur les charbons, et ne sont pour cela ni incombustibles, ni insensibles à la chaleur.

La salamandre nous a conduits loin de notre sujet.

Les Enfants. — Nous en sommes enchantés, Monsieur ; car il faut bien que nous sachions un peu de tout.

Le Maître. — Alors je suis enchanté moi-même. Je continue donc.

L'amiante se trouve en terre, à une profondeur de vingt à quarante centimètres. Il se compose de filaments déliés, nacrés, soyeux, de dix à vingt centimètres, quelquefois mous et élastiques, d'autres fois durs et cassants ; en certains lieux, isolés et séparés, mais plus souvent réunis, appliqués les uns contre les autres en forme de faisceau, dont les extrémités paraissent avoir été coupées par un instrument tranchant. L'amiante se pare de toutes les couleurs : il y en a de blanc, de jaune, de gris, de vert et de rouge. Mais quelles que soient les nuances sous lesquelles il se présente, il est toujours incombustible sous l'action du feu ordinaire de nos cheminées, et il ne pourrait être vitrifié que par les chaleurs violentes que dégagent les hauts fourneaux où l'on travaille le fer.

ÉMILE. — La France en produit-elle, Monsieur ?

LE MAÎTRE. — Les départements de la Corse, de la Savoie, des Hautes-Alpes, de Tarn-et-Garonne et des Basses-Pyrénées en contiennent en assez grande quantité, de même que l'Ecosse, l'Égypte et la Tartarie. Mais il faut bien vous avouer que de nos jours on n'en fait pas une énorme consommation, et on se borne à en filer pour les lampes, des mèches qui n'ont besoin d'être ni mouchées, ni renouvelées, qui durent éternellement, et que l'on nettoie en les jetant au feu, d'où on les retire propres, pures comme au jour de leur naissance. Dans ces derniers temps on en a fabriqué des gants, des masques et des habits pour les pompiers, ainsi que des papiers pour les archives des communes. Puis tous les beaux projets que l'on avait formés ont été abandonnés, et l'emploi de l'amiante est toujours une question à l'étude.

ANDRÉ. — Serions-nous donc moins savants que les Grecs et les Romains, qui en faisaient un grand usage, nous avez-vous dit ?

LE MAÎTRE. — Sous ce rapport, et sans fausse honte, nous devons reconnaître notre infériorité. Les Grecs et les Romains tissaient avec l'amiante, en y ajoutant du fil de chanvre ou de lin, des toiles d'une finesse extrême. Ces toiles étaient ensuite jetées dans un feu ardent qui consumait les matières étrangères, et il ne restait que l'amiante.

ÉMILE. — Pourquoi, alors, ajoutait-on du fil?

LE MAÎTRE. — Uniquement pour rendre le tissage plus facile. Avec ces toiles on faisait des nappes, des serviettes, et surtout des linceuls dans lesquels on brûlait, après leur mort, le corps des rois, des personnages célèbres, des grands hommes, afin que leurs cendres, que l'on conservait dans des vases précieux appelés *cinéraires*, ne fussent pas mêlées à celles du bûcher.

L'histoire nous dit aussi que Charles-Quint, roi d'Espagne, avait plusieurs serviettes d'amiante, et que l'un de ses divertissements les plus chers était de les blanchir lui-même par le feu, lorsqu'elles étaient souillées.

Aujourd'hui enfin, on peut voir au Vatican, au palais du pape, une toile d'amiante qui a servi à recueillir les cendres des morts, et qui a une longueur de plus d'un mètre, sur une largeur de quatre-vingts centimètres environ.

Vous voyez que j'avais des preuves à l'appui de mon affirmation, lorsque je disais à André que l'amiante était connu depuis plusieurs milliers d'années.

Quoique l'heure soit déjà avancée et que notre leçon soit

déjà très-longue, je ne puis vous laisser partir dans vos familles, sans réparer la brèche que j'ai faite à la réputation de nos savants, en vous disant qu'avec l'amiante les anciens avaient réalisé ce que nous avions tenté vainement jusqu'aujourd'hui.

Si la science moderne n'a pu reproduire les étoffes incombustibles avec toutes les perfections qu'y apportaient les Grecs et les Romains, en revanche, elle est parvenue à livrer au commerce, et à des prix relativement très-modérés, des étoffes imperméables, c'est-à-dire qui peuvent rester exposées des journées entières à la pluie la plus violente comme la plus fine, sans en être pénétrées.

L'eau glisse sur elles comme sur les plumes de l'oiseau. Ces étoffes s'appellent modestement des *caoutchoucs*.

A notre prochaine réunion nous les étudierons.

CHAPITRE X.

LES VÊTEMENTS (SUITE ET FIN).

L'ONCLE PIERRE. — SA CAPTIVITÉ. — SON ÉVASION. — PELLISSON.
— LES ARAIGNÉES. — LE PREMIER INGÉNIEUR DU MONDE. —
LES PONTS SUSPENDUS. — CHASSE AU FILET. — LES FILIÈRES DE
L'ARAIGNÉE. — LES FILS DE LA VIERGE. — LES GANTS DE
TOILES D'ARAIGNÉES. — LOUIS XIV. — LA GOMME ÉLASTIQUE. —
LES VÊTEMENTS IMPERMÉABLES.

LE MAITRE. — Ce matin, Charles, qui est venu se promener avec moi dans mon jardin, me disait : « Vous nous
» aviez promis des histoires de votre oncle, le garde fores-
» tier, et il y a bien longtemps que vous ne nous en avez
» pas raconté la plus petite... »

Je suis obligé de reconnaître que Charles avait raison.
J'avoue donc ma faute, et je vais tâcher de la réparer. Si
une faute avouée est à moitié pardonnée, une faute réparée
doit être pardonnée entièrement. J'espère donc que vous ne
me garderez pas rancune.

Comme tous les vieux troupiers, mon oncle était gogue-
nard, c'est le vrai mot, et dans ses récits il procédait toujours par voie interrogative, afin d'avoir la réplique et de
pouvoir plus facilement donner carrière à son esprit rail-
leur.

Au fond, c'était le meilleur des hommes et la plus noble
nature que j'aie connue.

Un jour que nous nous reposions sur les bords d'un ruisselet, qui coulait frais et joyeux à la lisière de la forêt, je vis tout à coup mon oncle fixer son attention sur une araignée, qui établissait sa toile d'une rive à l'autre..., puis des larmes tomber de ses yeux. Je fus singulièrement surpris de ce mouvement de sensibilité du vieux soldat ; car s'il avait le cœur excellent, la vie aventureuse qu'il avait menée pendant vingt ans, en parcourant l'Europe et en assistant à toutes les grandes batailles de la République et de l'Empire, l'avait rendu fort contre toute émotion.

Je respectai sa douleur, je me tus, et, comme lui, je me mis à suivre le travail de l'araignée.

Mon oncle rompit bientôt le silence, qui était pénible, ou du moins embarrassant, et pour lui et pour moi.

— T'ai-je jamais raconté, me dit-il, comment je me suis évadé de la forteresse de Glogau, où m'avaient relégué MM. les Prussiens après la bataille de Friedland, si meurtrière pour eux, si glorieuse pour l'armée française, mais enfin où j'avais été fait prisonnier après avoir reçu quatre blessures?

— Je sais bien que vous vous êtes sauvé par une nuit sombre, noire, une nuit de tempête, et c'est tout. Mais comment donc, mon oncle, étiez-vous enfermé dans une forteresse? Je croyais que les prisonniers de guerre vivaient en commun, surveillés seulement par des sentinelles et des postes de soldats?

— C'est ainsi que se passent les choses pour les prisonniers *ordinaires;* mais on m'avait fait, à moi, les honneurs d'une forteresse et du régime cellulaire; c'est-à-dire que j'étais claquemuré comme une bête dangereuse, dans une sorte de cachot dont tout le mobilier se composait : d'une paillasse garnie de tiges de roseaux, à peu près aussi doux que des branches de fagots, et qui me servait de lit; d'un escabeau crasseux et boiteux, qui me tenait lieu de fauteuil, et enfin de l'appui de la lucarne, qui, suivant les cas et les besoins, faisait l'office ou de table à manger ou de bureau à écrire. Tu vois que tout, chez MM. les Prussiens, est d'une simplicité antique. Et voici pourquoi ton vieil oncle était ainsi traité d'une façon tout à fait privilégiée.

Lorsque j'avais été pris sur le champ de bataille, j'avais déjà une épaule mutilée ; mais, dans la chaleur de l'action, je ne sentais rien, et comme le bras était resté valide, avec mon grand sabre de dragon, je frappais quand même, et d'estoc et de taille, et de droite et de gauche, et partout. A chaque coup porté, un cosaque mordait la poussière, car c'était avec un escadron russe que nous étions aux prises.

Enfin, il fallut céder, mais sans me rendre, entends-tu. Le sang coulait en abondance de mes blessures ; mes forces étaient épuisées, mes yeux ne voyaient plus. Pour comble de malheur, mon cheval, mon fidèle Bayard, s'abattit et m'entraîna dans sa chute : la lutte fut finie pour moi. Je ne pus jouir de la victoire que nous allions encore remporter.

J'étais un garçon vaillant et robuste à cette époque, et quelques jours après, le bras gauche en écharpe, l'épaule gauche emmaillottée, je prenais la route de Glogau, avec le convoi des prisonniers français.

Nous marchions sur quatre rangs, à petites étapes, parce que nous avions des malades, des boiteux et des manchots comme moi, et nous étions conduits par un détachement de soldats prussiens. J'avais pour voisin de droite un petit fantassin, un engagé volontaire, âgé de dix-huit ans au plus ; il se traînait à grand' peine et s'arrêtait à chaque instant pour se reposer. Je le consolais, je le soutenais autant qu'il m'était possible ; je lui parlais de la France, de nos familles, que nous reverrions bientôt, puisque nous étions vainqueurs. Le pauvre enfant me remerciait, souriait tristement, puis il faisait un nouvel effort et nous suivait en chancelant. Mais il arriva un moment où, comme moi à Friedland, tout fut fini pour lui : il s'affaissa, ne put se remettre sur pied, et le convoi dut faire halte.

Le sous-officier prussien qui marchait à nos côtés, se mit alors à tempêter, à jurer dans sa langue barbare, à nous insulter en nous appelant *lâches français*, et pour aider notre pauvre blessé à se relever, il lui lança un coup de crosse de fusil dans le dos.

J'avais supporté les insultes, parce qu'elles ne pouvaient nous atteindre de la part d'un prussien ; mais l'acte de brutalité sauvage du sous-officier m'exaspéra au point que, sans songer au danger que je courais, je bondis sur le vandale, furieux comme un lion ; je le frappai du pied, du poing ; je finis par le désarmer, et j'allais lui passer sa baïonnette au travers du corps, lorsque ses camarades vinrent à son secours, et Dieu merci, dans un moment où il en avait le plus pressant besoin. Saisi à mon tour, je fus enchaîné et conduit sous bonne escorte à la forteresse de Glogau. C'est là la raison pour laquelle je faisais ménage à part, en captivité.

Figure-toi donc par la pensée ton oncle Pierre, vieux aujourd'hui, mais jeune alors, car je n'avais que vingt-deux ans, maréchal des logis, chevalier de la Légion d'honneur, plein de force, plein d'avenir, enfermé entre quatre murs. dans un espace de six mètres carrés, et pour toute sa vie!... Car je n'étais plus un simple prisonnier : le conseil de guerre prussien m'avait d'abord condamné à être fusillé pour avoir frappé et menacé de mort un sous-officier, puis cette peine avait été commuée en celle d'une prison perpétuelle. Figure-toi, te dis-je, ce que ton vieil oncle a dû souffrir en se répétant, le matin en se levant, le soir en se couchant, à toutes les heures du jour : pour moi, il n'y a plus de famille ; pour moi, il n'y a plus de patrie! Ma famille, c'est le geôlier qui m'apporte ma maigre pitance; ma patrie, c'est ce cachot où je dois mourir!

— Oh ! mon oncle, c'est le martyre que vous avez souffert! Mais Dieu, qui est bon, saura bien vous en récompenser...

— Oui, mon enfant, Dieu est bon, et c'est lui qui m'a préservé du désespoir dans la forteresse de Glogau, comme il m'a sauvé de la mort sur le champ de bataille.

Notre sainte mère, la mère de ton brave père et la mienne, nous avait inspiré dès notre enfance les plus profonds sentiments religieux, et lorsque je dus partir pour l'armée, elle me dit, en retenant ses larmes : « Pierre, je » ne te reverrai plus peut-être, parce que la guerre est ter- » rible et ne choisit pas ses victimes; mais si Dieu dans » ses décrets éternels, auxquels nous devons humblement » nous soumettre, t'enlève à mon amour, je me consolerai, » autant qu'une mère peut se consoler, en pensant que tu » es mort en bon citoyen. Comme lorsque tu étais enfant, » n'oublie jamais de prier le matin et le soir, et Dieu veil-

» lera sur toi, ainsi que ton pauvre père y veille lui-même
» du haut du ciel. Adieu, Pierre, adieu, mon fils, je te
» bénis. »

« Dieu veillera sur toi, » avait dit ma sainte mère. Ce
n'étaient pas là de vaines paroles ; aussi je me les rappe-
lais avec bonheur, et je priais avec une ferveur dont seuls
les malheureux sont capables.

Un mois déjà s'était écoulé depuis mon incarcération ;
rien n'était changé et ne paraissait devoir changer dans
mon existence. Le temps était triste et ajoutait à ma tristesse ; vers la nuit je me couchai sur mon grabat, et comme
la religion me soutenait toujours, je m'endormis avec cette
pensée : mon père veille sur moi ! Dieu veille sur moi !

J'eus un rêve qui me fit réfléchir longtemps à mon réveil.
Mon frère, ton père donc, m'était apparu, et avait pénétré
dans ma prison en brisant les barreaux de la lucarne ; et,
nous tenant par la main, nous nous étions enfuis ensemble.

Je pris ce rêve pour un avertissement de Dieu. Je cherchai alors à me rappeler les évasions célèbres ; et ma mémoire se rajeunissant, je me retraçai l'histoire des prisons,
puis celle des prisonniers. J'avais beaucoup lu déjà, et
j'avais beaucoup retenu.

Pellisson et son compagnon, et son araignée, avaient
surtout frappé mon esprit.

Sais-tu au moins ce que c'était que Pellisson ?

— Je n'ai jamais entendu ce nom, mon oncle.

— Mais tu ne sais donc rien, malheureux !

Pellisson était un savant, qui avait été chargé d'abord
d'écrire l'histoire de Louis XIV, mais qui, ayant eu plus

tard le malheur de déplaire au grand roi, avait été enfermé à la Bastille. Il passa quatre années dans la prison d'Etat, en compagnie d'un Allemand, simple et grossier en apparence, mais fourbe et rusé au fond, et dont la mission était de surprendre les secrets du prisonnier : en un mot, l'Allemand jouait le rôle d'espion. Mais l'esprit pénétrant et subtil du savant eut bientôt deviné l'homme et le piège ; il se garda bien toutefois de rien laisser transpirer de sa découverte, et continua à se montrer confiant et expansif.

La société d'un Allemand, surtout d'un espion, n'est pas chose agréable ; aussi Pellisson s'ennuyait-il à mourir. « Si j'essayais d'apprivoiser cette araignée qui file sa toile » dans l'encoignure de ma fenêtre, » se dit-il un jour. Et mettant cette idée à exécution, il prit une mouche et la donna à l'insecte. Après un exercice régulier de quelques semaines, l'araignée était disciplinée et venait prendre les mouches au milieu de la table, et jusque sur les genoux du prisonnier.

Mon rêve me remit donc en mémoire l'araignée de Pellisson, et m'inspira la pensée d'une évasion, à laquelle je n'avais jamais songé.

L'araignée devait me distraire pendant le jour ; l'évasion devait m'occuper durant la nuit.

A partir de ce moment, toutes les fois que mon geôlier entrait dans ma cellule, il me trouvait accroupi dans un coin, sifflant un air monotone et instruisant des araignées. Bientôt on crut que j'avais perdu la raison, et comme j'étais doux, soumis, docile, on me prit pour un fou *innocent*. On fut moins sévère pour moi, et l'on me laissa de temps à autre la liberté de me promener dans les cours de la forteresse. Au signal du gardien, je rentrais dans mon cabanon, puisque j'étais fou, avec l'empressement d'un chien à obéir à son maître.

Mais dans mes promenades j'étudiais la disposition des bâtiments, la hauteur des murs, la profondeur des fossés, les chances bonnes et mauvaises que je devais courir ; en un mot, je calculais mes ressources, tâchant de prévoir toutes les circonstances qui pouvaient être prévues. Et je devenais de plus en plus insensé, du moins aux yeux des Allemands.

Au fur et à mesure que ma folie augmentait, mes chaînes se relâchaient, se relâchaient... Mais le moment n'était pas venu encore : il fallait être sûr de réussir dans ma fuite ; car si j'échouais, j'étais perdu.

Enfin Dieu, que chaque jour j'invoquais, me vint en aide. Un soir, mon gardien, qui se sentait malade, m'avait-il dit, oublia de fermer ma porte. Il faisait un temps épouvantable : une pluie torrentielle tombait et menaçait d'inonder la terre comme au temps de Noé ; la tempête soufflait avec furie et semblait prendre à tâche de renverser le vieux donjon.

Je m'agenouillai, baigné d'une sueur froide : j'avais la fièvre. Je priai Dieu, mon père, mon saint patron, mon bon ange, de me protéger, si ce que je méditais était bien, et de m'abandonner, si ce que je méditais était mal.

Je me relevai plein de courage et d'espérance : il était onze heures. Excepté les sentinelles, tout le monde reposait dans la vieille forteresse, qui ressemblait alors au manoir des Sept Dormants.

J'étais dans les cours, que je n'avais encore rencontré personne. Il me fallut escalader les murs, ce qui était chose difficile, mais non impossible, parce qu'ils étaient lézardés en maints endroits. Ce fut pour moi l'affaire de quelques minutes. Il fallait ensuite les redescendre, ou s'élancer dans l'inconnu, dans le vide. Je redescendis lentement, avec précaution. Je cherchai des yeux la sentinelle, car je commençais à voir dans l'obscurité : la sentinelle ne veillait pas ; l'ouragan, sans doute, l'avait obligée à rentrer au poste. Tout paraissait me favoriser, la nature et les hommes.

Il ne me restait plus qu'à traverser le fossé.

Je me glissai comme un serpent jusqu'à l'eau, et je me mis à nager. L'eau était bourbeuse, couverte de mousses, de lentilles, de conferves qui gênaient mes mouvements ; j'avançais pourtant.

J'arrivai au bord opposé, haletant et couvert de vase ; mais si j'étais hors de la forteresse, je ne pouvais pourtant me dire sauvé qu'après avoir franchi la frontière, et cette frontière était loin.

Ce ne fut que deux mois après ma sortie nocturne de mon cabanon, que je rejoignis mon corps d'armée. Plus tard je te raconterai les péripéties de ce voyage de deux mois ; aujourd'hui je n'ai voulu que t'expliquer pourquoi j'avais pleuré en voyant cette araignée échafauder son piége. Cette vue m'a reporté aux jours de ma captivité, et m'a rappelé les actions de grâces que je dois à Dieu, qui s'est servi d'un misérable insecte pour préparer ma délivrance, me rendre à la liberté, à ma famille et à ma patrie.

L'histoire était finie. Nous étions remis de nos fatigues ; nous reprîmes, mon oncle et moi, notre promenade à la forêt, laissant l'araignée continuer à filer sa toile, et à dresser ses piéges.

Les Enfants. — Cette histoire est bien touchante ; mais si vous vouliez aussi nous parler de l'araignée qui s'est trouvée mêlée à l'évasion de votre oncle, vous nous procureriez un plaisir nouveau et très-grand.

Le Maître. — Je le ferai d'autant plus volontiers, que la toile d'araignée nous ramènera à la question des vêtements, que nous n'avons pas terminée.

L'araignée qui avait valu à mon oncle Pierre la réputation, peu enviée et peu enviable, de *fou innocent*, est la modeste araignée *domestique*, qui n'a rien d'original ni dans la robe, ni dans les mœurs. Ses toiles, toujours placées dans l'angle des murs, c'est-à-dire dans des conditions toujours exactement les mêmes, à quelques modifications près, n'exigent d'elle que des talents ordinaires. Elle vit dans l'ombre, le silence, la solitude, et ne se produit au grand jour que dans des circonstances exceptionnelles.

Mais il n'en est pas de même de sa parente, de celle qui jette des ponts suspendus sur les ruisseaux, les rivières, les mares, les étangs. Cette araignée est revêtue des couleurs les plus rares, les plus variées, les plus brillantes ; aussi se plaît-elle à étaler orgueilleusement au soleil, les richesses de sa parure, de sa merveilleuse beauté. Les savants, éblouis de tant de trésors accumulés sur un seul insecte, lui ont donné le nom emphatique de *Epeire-diadème*. — Seulement, par un caprice bizarre de la nature, au lieu de ceindre le diadème sur la tête, comme les souverains, elle le porte sur le dos, comme les ânes portent la croix.

Les deux ponts suspendus les plus hardis que nous ayons en France sont : celui de Cubzac, sur la Dordogne, dans le département de la Gironde, et celui de la Roche-Bernard, dans le département du Morbihan. Ce sont deux véritables chefs-d'œuvre, devant lesquels on reste frappé d'admiration. Et pourtant ces prodiges de la science humaine ne sont que des jeux d'enfants pour l'épeire. Son génie instinctif résout instantanément les problèmes les plus ardus, les plus complexes, de la géométrie transcendante.

Depuis cinquante ans, nos plus savants ingénieurs étudient le projet gigantesque de mettre en communication, par voie de terre, les deux rives de la Manche. Pour l'épeire, ce serait une construction de quatrième ordre.

Voyons-la à l'œuvre.

Depuis une longue semaine, la pluie inonde la campagne, les insectes se sont tenus tapis sous les feuilles, mornes, tristes, désolés : l'épeire a jeûné. — Mais son estomac est robuste et peut supporter la privation.

La pluie a cessé de tomber ; le soleil vient de se lever, brillant, radieux, resplendissant de lumière. — La journée va être belle : déjà des papillons voltigent follement sans suivre de route ; des demoiselles bleues et vertes se jouent sur la rivière et se mirent dans ses eaux ; des guêpes, des bourdons, des abeilles, des légions de mouches, des cousins, des myriades d'éphémères parcourent les espaces infinis de l'air.

Oh ! la journée va être belle et la chasse abondante !

L'épeire aussi est matinale : elle est sur pied depuis longtemps ; elle se réjouit, elle réfléchit, elle médite. Ah ! la voilà qui agit : elle grimpe sur le vieux saule pourri qui courbe ses chétives branches sur le ruisseau. Du point élevé où elle est parvenue, elle mesure la distance qui sépare les bords du cours d'eau, puis se tournant dans tous les sens, elle étudie la direction du vent. — Malheur, malédiction ! le ruisseau a deux mètres de largeur ! le temps est d'un calme plat ; on ne ressent pas la plus légère brise ! toutes les difficultés sont réunies ! Il faut cependant franchir ce bras de mer, et elle ne sait pas nager ! Il faut, là, placer un câble, et pas le moindre souffle de l'air !...

Mais le génie instinctif de l'épeire a bientôt raison de tous ces obstacles. Tenez, le plan est arrêté, il va être exécuté. Elle continue son ascension ; elle est arrivée à deux mètres et quelques centimètres de hauteur. Vous pouvez vérifier le calcul ; il est exact. Elle s'arrête à l'extrémité de la branche qui surplombe ; elle ouvre ses filières, attache solidement un fil au rameau qui lui sert de point d'appui, elle se laisse tomber dans le vide, en filant, filant, filant toujours. — Brusquement elle s'arrête, et il était temps : elle n'est plus qu'à quelques millimètres de l'eau.

Nous venons de voir les calculs du géomètre, le travail de la filandière ; nous allons maintenant assister aux exercices de l'acrobate... Elle est toujours suspendue à son fil... Attention ! le spectacle commence ! Elle se met en mouvement... Eh ! mais c'est le jeu de la balançoire, de l'escarpolette ! Son fil va se briser ! Soyez sans crainte : il est solide, résistant et très-gros, du reste, car il en faut dix pour faire un cheveu !...

Le mouvement continue, mais plus étendu, avec des efforts plus grands... Je vous l'ai dit, ce sont les exercices de l'acrobate... Ah !... le spectacle est terminé : le disciple de Franconi a atteint la rive opposée, s'est cramponné à un brin d'herbe, a soudé son fil à un roseau :

7.

le câble est amarré, tendu, le plan est exécute, ɪe pont est jeté ; car ce qui reste à faire n'est plus qu'un travail de manœuvre, indigne d'un artiste, mais qu'il faut bien exécuter cependant, car l'épeire n'a point d'esclaves.

Elle colle donc un autre fil, qu'elle établit parallèlement au premier, qui lui sert de passerelle ; puis un troisième, un quatrième... un centième ; le filet est tressé, le lacet est tendu, le piége est tout prêt... Vienne le gibier.

Elle se cache, écoute... qui arrive ? Zon, zon, zon... c'est une mouche ! Halte-là : la pauvre bestiole a donné dans le filet ! L'épeire s'élance, saisit la proie et s'en régale. Puis elle en jette au loin le cadavre et va se remettre à l'affût.

La journée est belle, la chasse sera abondante, avons-nous dit en voyant le lever du soleil !... Boum, boum, boum... qui frappe ainsi de la grosse caisse ? C'est le gros bourdon, un rustre, un lourdaud, un géant, un colosse ! Halte-là : le géant a heurté la toile ! Oh, oh ! ce n'est pas de jeu, dit-il ; il n'est pas d'humeur à se laisser prendre ainsi : il proteste de la voix, des pieds, de tout le corps, se débat, se débat ! L'épeire s'élance prompte, rapide : quelle bonne fortune ! un géant ! il y a de quoi oublier les jours de jeûne.

Mais halte-là à son tour ! Elle a reconnu le rustre : elle sait qu'il a un dard et elle ne veut pas en être piquée ; il faut ruser, se tenir à distance et envelopper de nouveaux fils le colosse noir et velu. Le tour est bientôt fait, et le pauvre bourdon n'est plus qu'une masse pressée, serrée, sans mouvement. Mais il n'est pas mort ; il a la vie dure ! Tout danger a disparu ; l'épeire s'approche et de deux crocs, qu'elle a sous la tête, perce la cuirasse du lourdaud : comme les piquants de l'ortie, les crocs sont creux et renferment un poison foudroyant. Le rustre, le lourdaud, le géant, le colosse est bien vite emporté au garde-manger, et l'épeire se gorge avec délices de ses dépouilles mortelles !

Ainsi finit le drame.

EMILE. — C'est véritablement admirable. — En parlant des précautions que prenait l'araignée, vous avez dit : « Malédiction ! On ne ressent pas la brise la plus légère. » Et si le vent avait soufflé, que serait-il arrivé ?

LE MAÎTRE. — Si le vent avait été contraire, rien n'était changé à sa manière d'édifier ; mais si le vent avait été favorable, elle l'aurait chargé de porter à la rive opposée son fil, qu'elle aurait laissé flotter en liberté.

ANDRÉ. — Je n'ai pas voulu vous interrompre, Monsieur, lorsque vous avez dit : « l'épeire ouvre ses filières, » mais je ne sais ce que c'est que les filières de l'araignée ; voudriez-vous nous le dire ?

LE MAÎTRE. — A la partie postérieure de son corps, l'araignée a quatre petits mamelons remplis d'un liquide gluant, qui n'est autre chose que la matière dont se compose le fil de la toile. L'extrémité de ces mamelons est percée de petits trous comme la pomme d'un arrosoir, et qui peuvent se rétrécir et s'agrandir à la volonté de l'insecte et produire, par conséquent, des fils de toutes les dimensions, suivant les nécessités de la situation. Ce sont là les filières de la filandière.

Chacun des mamelons compte environ mille trous d'où partent mille fils, qui, tous réunis, forment le fil de l'araignée. Or ce fil, composé de quatre mille autres, soudés ensemble, est lui-même si fin, qu'il en faut dix pour arriver à la grosseur d'un cheveu, ce que je vous ai déjà dit. Ainsi un cheveu, un simple cheveu, peut être considéré comme l'ensemble de quarante mille fils d'araignée. L'imagination recule épouvantée devant des chiffres semblables, qui sont des chiffres vrais et résultant de calculs poussés jusqu'aux limites extrêmes de l'exactitude. Que sont, hélas ! les chefs-d'œuvre de l'homme, en présence de ces merveilles de la nature ! On ne peut que s'humilier, et reconnaître avec les naturalistes, que c'est dans les plus petites choses, que Dieu s'est montré le plus grand.

L'araignée a huit yeux et huit pattes, qui, comme celles de la mouche, lui permettent de marcher sur les corps les plus polis. Cependant, avec l'âge, la matière gluante qu'elles fournissent se tarit, de même que la substance visqueuse des filières.

ÉMILE. — Elle ne peut donc pas faire ses toiles toute sa vie ?

LE MAÎTRE. — Sa vie peut durer de trois à quatre ans, et pendant cet espace de temps, elle ne peut guère produire que six ou sept toiles.

ANDRÉ. — Alors elle doit mourir de faim, puisqu'elle ne peut plus chasser ?

LE MAÎTRE. — Non, car elle chasse avec les armes d'une autre. Lorsqu'elle s'est aperçue que ses filières sont desséchées, elle avise une jeune araignée sans expérience, la chasse de sa demeure et s'empare de son filet. Ce n'est pas là de la charité fraternelle, mais nous devons lui pardonner, en raison de son âge, de la faim qui la dévore et de la tendresse qu'elle a pour ses petits ; car de tout temps elle a été regardée comme le type de l'amour maternel.

Les *fils de la Vierge,* que l'on voit s'attacher aux arbres en automne, sont des toiles d'araignées que le vent emporte, tellement elles sont légères. Ce sont ces fils, ou cheveux de la Vierge, qui vont terminer ce long article, en nous reportant à notre point de départ : les vêtements.

Sous le règne de Louis XIV, le premier Président de la Chambre des Comptes de Montpellier, M. Bon, s'était occupé, dans ses moments de loisir, à tisser des fils d'araignée. Il avait fait amasser une énorme quantité de fils de la Vierge, puis les avait fait battre pour les débarrasser de la poussière qui s'y trouvait mêlée. Ensuite il les avait trempés dans un bain de savon, de salpêtre et de gomme arabique. Il avait ainsi obtenu une substance grise qui ressemblait à du coton brut. Des fileuses habiles avaient filé cette substance, et enfin il en avait fait confectionner des bas et des gants. Louis XIV, que passionnaient toutes les nouveautés, voulut avoir un habit de cheveux de la Vierge ; mais le peu de solidité de l'étoffe désabusa le roi, et le tissage des toiles d'araignées fut abandonné.

Nous abandonnerons ce sujet pour nous reporter aux caoutchoucs ; nous n'avions fait qu'effleurer ce sujet d'étude lors de notre dernière causerie, et pourtant il mérite bien une mention spéciale.

L'*Hévé* est l'arbre dont la séve donne la gomme élastique ou caoutchouc. Sa tige, droite, élancée, mesure quinze à vingt mètres de hauteur et trois mètres de circonférence : c'est un habitant de l'Amérique, de l'Afrique et des îles de l'Océanie.

Pour récolter la gomme élastique, il suffit de faire des

incisions dans l'écorce de l'Hévé. Il en découle alors un suc laiteux, que l'on reçoit dans des vases ; ce suc, abandonné à lui-même, se durcit insensiblement, puis devient solide et excessivement élastique : c'est le caoutchouc. Vous voyez que l'opération n'est pas compliquée. Pendant longtemps, le caoutchouc n'a été employé qu'à effacer les traces du crayon.

Vers 1820 pourtant, on était déjà parvenu à le décomposer en fils propres au tissage, et à l'étendre sur les étoffes comme une couche de peinture. Mais il conservait alors la propriété de se ramollir à une température élevée, et le froid lui faisait perdre son élasticité : ce n'était donc qu'un demi-résultat.

Les essais, les tentatives continuant, en 1844, l'Américain *Goodyear* démontrait aux savants et aux industriels, qu'en le combinant avec les deux centièmes de son poids de soufre, le caoutchouc formait un composé qui gardait toutes ses qualités et perdait tous ses défauts. Ce composé, appelé *caoutchouc volcanisé* ou *vulcanisé*, se prête à toutes les applications. On en fait, à volonté, des ressorts de voitures, de serrures, de portes ; des coussins de lits, de chaises, de fauteuils ; des courroies, des cartes imprimées, des tampons pour les machines... et enfin des étoffes imperméables.

———

CHAPITRE XI.

LES HABITATIONS.

LE FEU. — LE BRIQUET. — L'AMADOU. — LA FOUDRE. — LES
ALLUMETTES.— LES CHANDELLES.— LES BOUGIES.— LES CIERGES.
— LA RÉSINE. — LE PÉTROLE.— L'ASPHALTE. — LA MER MORTE.
— LE JOURDAIN. — LE GAZ. — LES FEUX-FOLLETS. — LES
REVENANTS. — LES LAMPES PERPÉTUELLES. — LA HOUILLE. —
LE COKE.

LE MAÎTRE. — A quelle époque les hommes ont-ils commencé à se servir du feu et à l'approprier à leurs besoins ? C'est là un problème que se sont posé les savants de toutes les époques, et auquel ils n'ont pu trouver que des solutions vagues, incertaines, c'est-à-dire appuyées sur des données dépourvues de tout caractère d'authenticité.

La foudre tombant sur des arbres et les incendiant, a sans doute fait naître l'idée de s'emparer du feu, ce terrible agent de destruction.

La vue de deux branches mortes s'enflammant par un frottement continu, est venue ensuite inspirer une pensée d'imitation, et c'est certainement le premier moyen qui ait été employé pour la production du feu.

Plus tard, le choc brusque et sec de corps durs, le mélange de certains liquides, les verres bombés... ont été les procédés que l'industrie humaine a imaginés pour commander en maîtresse, en quelque sorte, au redoutable élément.

Enfin, la science moderne a mis à la disposition de chacun de nous ses ressources puissantes, variées, multipliées à l'infini, et qui permettent au modeste épicier de livrer au plus pauvre ménage des allumettes chimiques à *un* centime la boîte.

ÉMILE. — On croit donc que les hommes ont commencé par frotter deux branches sèches l'une contre l'autre pour se procurer du feu ?

LE MAÎTRE. — Rien n'est plus évident, mon ami. Aujourd'hui encore, certaines peuplades sauvages de l'Afrique et de l'Amérique n'agissent pas autrement. Les voyageurs qui ont osé s'aventurer dans les parages qu'habitent ces hordes inhospitalières, sont unanimes à cet égard.

Lorsque le fer fut connu, on s'aperçut bientôt qu'en le frappant contre certaines pierres dures, des silex, ou *pierres à feu*, des cailloux amincis en tranchant, on faisait jaillir des étincelles qui enflammaient les corps mous et secs.

Le principe était découvert, il ne s'agissait plus que d'en faire l'application. On inventa alors les *briquets*, et l'on chercha à utiliser la matière charnue d'un végétal qui appartient à la famille des champignons, et que l'on nomme le *bolet amadouvier*.

ANDRÉ. — C'est avec ce champignon qu'on prépare l'amadou dont se servent les fumeurs, sans doute ?

LE MAÎTRE. — Précisément. L'amadouvier croît au pied du chêne, du frêne, du peuplier, du charme et de quelques autres arbres. Il parvient quelquefois à une grosseur considérable. On le fait d'abord tremper dans de l'eau froide, afin de faciliter la séparation de l'écorce, qui ne peut être utilisée. On le coupe ensuite en tranches assez minces, que l'on bat, que l'on étend, en les mouillant de temps à autre. Après cette opération, on l'expose au soleil ou à la chaleur tempérée d'un four. Lorsqu'il est bien sec, on recommence à le battre, à l'assouplir, et enfin on le fait tremper dans un bain d'eau salpêtrée, puis on le livre au commerce. Il est jaune alors ; pour le rendre plus inflammable, on le roule dans de la poudre à canon, qui lui donne une couleur noirâtre.

L'amadou a une propriété qu'il est bon de connaître, surtout à la campagne où le secours des médecins arrive souvent trop tard : il arrête le sang qui coule des blessures. Il en est de même des toiles d'araignées. — Je tiens à réparer l'oubli que j'ai commis hier, en ne vous le disant pas.

Il n'y a plus guère que les vieux fumeurs qui continuent à faire usage du briquet à amadou, et cela par habitude, je le pense. Cet instrument a été remplacé par les allumettes chimiques, dont l'invention date du commencement de ce siècle.

EMILE. — Et les allumettes soufrées que l'on fait avec des *chénevottes*, vous n'en parlez pas, Monsieur? On s'en sert encore pourtant.

LE MAÎTRE. — Les allumettes soufrées ne produisent pas de feu par elles-mêmes, puisqu'elles ne s'enflamment qu'au contact d'un objet déjà allumé, tel qu'un morceau d'amadou, un charbon, des cendres très-chaudes.

On les prépare non-seulement avec la paille de chanvre, mais encore avec le bois tendre du peuplier, du saule, du bouleau, de la bourdaine, etc. Il suffit d'en tremper les extrémités dans du soufre fondu.

Les allumettes chimiques portent aussi le nom d'allumettes *phosphoriques*, parce que la substance principale employée dans leur fabrication est le phosphore. — Le phosphore, qui est un poison très-violent, s'extrait des os calcinés, et de quelques autres matières animales, et s'enflamme par le frottement sur un corps dur et raboteux.

Les allumettes soufrées, trempées dans du phosphore liquide, donnent des allumettes chimiques, sur lesquelles on applique un enduit gommeux, pour soustraire le phosphore au contact immédiat de l'air.

Nous savons tirer le feu de la matière, examinons comment nous allons mettre à profit ce puissant auxiliaire, pour notre éclairage et notre chauffage, car c'est lui qui nous fournit la lumière et la chaleur.

Il est certain que les hommes, qui d'abord s'étaient servis du bois comme aliment du feu, l'ont employé ensuite comme moyen d'éclairage. L'expérience et l'observation aidant, ils ont dû reconnaître ensuite que la séve de certains arbres brûlait également, en donnant une flamme claire, éclatante. Il est logique qu'alors ils aient songé à extraire cette séve ou résine, et à utiliser la lumière qu'elle produit par la combustion.

De progrès en progrès, ils sont arrivés à fabriquer les chandelles grossières appelées *chandelles de résine*, que l'on trouve encore chez les familles pauvres qui habitent les pays montagneux.

CHARLES. — Comment fabrique-t-on ces chandelles, Monsieur ? Je me rappelle avoir lu que ce sont les montagnards eux-mêmes qui en sont les fabricants.

LE MAÎTRE. — La résine se récolte du pin, du sapin et d'autres arbres de la même famille, comme la gomme de l'Hévé. On pratique des entailles à l'écorce de la tige. La résine s'écoule lentement et on la recueille dans des vases. On ficelle ensuite de gros fils avec du chanvre. On trempe ces fils, à différentes reprises, dans la résine liquide, et ainsi l'on obtient des chandelles de résine.

Vous voyez qu'elles n'exigent pas de grandes connaissances, ni dans les arts ni dans les sciences.

EMILE. — Est-ce de la même manière que se font les vraies chandelles et les bougies, que vendent les épiciers, ainsi que les cierges que l'on brûle à l'église?

LE MAÎTRE. — Les chandelles sont faites avec du suif que l'on tire de la graisse du mouton, du bœuf et de la vache. On y joint une légère quantité d'alun pour lui communiquer plus de consistance.

Autrefois on opérait à peu près comme le montagnard pour ses chandelles à résine; mais aujourd'hui on se sert de *moules*, qui sont des cylindres creux, en étain, en plomb, ou simplement en fer-blanc. On les garnit intérieurement d'une mèche, on y verse le suif liquide qui se refroidit et se solidifie très-vite, et la chandelle est faite.

Il y a quarante ans environ, deux chimistes français, Gay-Lussac et Chevreul, ont découvert, après une foule d'expériences, que la graisse est formée de deux substances, dont l'une ressemble à l'huile et dont l'autre possède les propriétés de la cire des abeilles. Ils ont appelé cette dernière *stéarine*. C'est elle qui entre dans la composition des chandelles fines, ou chandelles de luxe, que l'on vend aujourd'hui sous le nom de *bougies stéariques*.

Quant aux bougies véritables et aux cierges, on les fabrique avec de la cire, et voici le procédé le plus communément employé.

Au-dessus d'un bassin rempli de cire, on dispose un cercle en fer, garni de crochets auxquels on suspend les mèches. Sur ces mèches, que l'on a soin de faire pirouetter, c'est-à-dire tourner sur elles-mêmes, on verse de la cire fondue. Quand toutes ces mèches sont recouvertes d'une couche de cire et refroidies, on recommence, et l'on continue l'opération jusqu'à ce que les bougies aient acquis la grosseur voulue. Pour les polir, on les roule ensuite entre une planchette mobile et une table mouillée.

ÉMILE. — Nous savons tous comment on extrait l'huile de la graine de colza, de navette, du chènevis, de la faîne, de la noix, etc. ; mais nous ne savons pas d'où vient l'huile de pétrole. Voudriez-vous nous le dire, Monsieur ?

LE MAÎTRE. — Le pétrole est un liquide très-léger, dont on trouve des sources abondantes aux États-Unis d'Amérique, et qui coule comme une eau limpide. Quoiqu'on n'en fasse usage que depuis quelques années, il a déjà acquis une célébrité universelle, mais une triste célébrité ; c'est lui qui a servi, en 1871, à incendier les plus beaux monuments de Paris.

Le pétrole est connu des savants depuis fort longtemps, car les plus anciens traités d'histoire naturelle en donnent la description, en font connaître les propriétés, le rangent et le désignent, comme l'asphalte, sous le terme général de bitume.

ANDRÉ. — Qu'est-ce donc que l'asphalte, Monsieur ? Est-ce de ce mot que dériverait le nom de *lac Asphaltite* ?

LE MAÎTRE. — Justement : vous avez lu, dans votre Bible, que Dieu, pour punir de leurs crimes les villes de Sodome et de Gomorrhe, les avait englouties sous une pluie de feu, et qu'à leur place s'était formé un lac. Ce lac n'est autre que le *lac Asphaltite* ou *mer Morte*.

On l'a appelé asphaltite, parce qu'à sa surface flotte continuellement une substance légère, noirâtre, qui s'enflamme très-facilement : c'est l'asphalte, que l'on convertit en trottoir dans les villes importantes, après l'avoir privé toutefois de ses qualités, qui deviendraient dangereuses sur une place publique.

Dans les grandes chaleurs de l'été, l'asphalte s'allume quelquefois subitement ; le lac alors ressemble à un miroir magique, à une plaine de feu. Enfin le lac a été aussi gratifié de la qualification de *mer Morte*, parce que l'on prétend qu'aucun poisson ne peut vivre dans ses eaux.

C'est dans la mer Morte que va se perdre le Jourdain, fleuve cité à chaque page dans l'histoire sacrée, et auquel se rattachent tant de souvenirs : sur ses bords, Notre-Seigneur fut baptisé par St-Jean-Baptiste.

Reprenons notre sujet, et donnez-moi toute votre attention.

Si vous placiez un morceau de bois parfaitement sec sur un fourneau bien chauffé, qu'arriverait-il ?

EMILE. — Le bois s'échaufferait aussi, et il en sortirait une vapeur brûlante qui s'enflammerait, si on en approchait un morceau de papier ou tout autre objet allumé.

LE MAÎTRE. — Vous avez parfaitement répondu, Emile. Eh bien, cette vapeur brûlante qui s'échappe du bois chauffé s'appelle *gaz*, et c'est en s'appuyant sur ce principe qu'en 1785, un ingénieur français, Philippe Lebon, a inventé l'*éclairage au gaz*, qui est adopté dans toutes les villes.

Mais avant de réaliser des résultats, sinon heureux, au moins satisfaisants, que d'ennuis, que de déceptions, que d'échecs, le savant chimiste n'a-t-il pas éprouvés !

Aujourd'hui on produit le gaz d'éclairage avec de la houille, et les appareils qui servent à l'extraction sont trop nombreux, trop compliqués, pour que j'essaie de vous en faire la description.

Qu'il vous suffise donc de savoir que le gaz est conduit dans les rues, les maisons, les églises, les bâtiments publics, au moyen de tuyaux souterrains, qui le distribuent à volonté.

CHARLES. — Mais comment fait-on pour qu'il ne s'échappe pas ?

LE MAÎTRE. — Ce que l'on fait pour garder prisonnier le vin d'un tonneau. Le bec de gaz ressemble à un robinet. Quand on veut faire usage du gaz, on tourne la clé, le gaz s'enfuit, on en approche une allumette enflammée, et il s'enflamme à son tour. Veut-on l'éteindre, on tourne la clé qui ferme l'ouverture du bec, et, comme le vin du tonneau, le gaz reste prisonnier.

LES ENFANTS. — Il faut reconnaître que c'est là une admirable invention.

ANDRÉ. — Je désirerais, Monsieur, vous adresser une question, mais je crains que l'on ne se moque de moi.

LE MAÎTRE. — Parlez, n'ayez aucune crainte. Certes, ce n'est pas moi qui vous blâmerai de vos observations, puisque je ne cesse de vous répéter que, dans nos leçons, vous ne devez pas laisser passer un seul mot dont vous n'ayez parfaitement compris le sens et la portée. Allons, courage, courage... s'il faut rire, nous rirons, mais vous rirez avec nous.

ANDRÉ. — Je voulais vous demander ce que c'est que les hommes de feu. J'en ai entendu souvent parler à la veillée. On disait que c'étaient les âmes des morts qui revenaient sur terre pour expier leurs péchés, parce que ces hommes de feu n'apparaissent que dans les cimetières.

LE MAÎTRE. — Cette question, mon ami, pour laquelle vous redoutiez tant les railleries de vos camarades, me cause un vif plaisir ; elle me fournit l'occasion de vous mettre en garde contre des préjugés ridicules, et qui ont encore créance chez certaines gens.

Les âmes des morts ne reviennent pas : elles sont près de Dieu, qui les a récompensées ou punies selon leurs œuvres, et il n'y a jamais eu que les ignorants et les imbéciles qui aient vu des *revenants*, parce qu'ils ont pris pour la réalité leurs stupides rêves. Quant aux *hommes de feu*, ou *feux-follets*, c'est tout autre chose, et vous en saisirez facilement l'explication, du moment que vous savez ce que c'est que le gaz.

Les feux-follets, ou hommes de feu, sont produits par des gaz qui se dégagent des terrains marécageux, des cimetières, des champs de bataille, des enclos où l'on enterre les chevaux, de tous les lieux enfin dans lesquels se trouvent des substances animales en putréfaction.

Ces gaz, qui renferment du phosphore, s'enflamment aussitôt qu'ils sont mis en contact avec l'air et deviennent alors les *feux-follets,* pour les gens intelligents et instruits, et les *revenants* pour les ignorants, les sots et les imbéciles, je ne saurais trop vous le redire.

C'est en été et au commencement de l'automne que les feux-follets apparaissent le plus fréquemment; et ce qui a contribué à entretenir la superstition et la terreur, c'est qu'ils fuient ceux qui les poursuivent, et poursuivent ceux qui les fuient. La cause du phénomène est toute naturelle et facile à trouver. Le gaz, étant extrêmement léger, est poussé par celui qui les poursuit, et se précipite dans le vide que laisse celui qui le fuit.

Je ne saurais trop vous engager, mes enfants, à répéter, quand l'occasion s'offre à vous, ces explications que je vous donne à l'école. Il est de notre devoir de détruire les croyances absurdes, les préjugés auxquels certains hommes mêmes prêtent l'oreille. J'ai vu et connu de ces hommes, qui auraient marché hardiment contre un danger réel, et qui n'auraient osé passer auprès du cimetière pendant la nuit : triste effet de l'ignorance. Vous êtes convaincus, il faut à votre tour vous attacher à convaincre les autres.

Les feux-follets me rappellent à la mémoire bien d'autres phénomènes du même genre, et qui s'accomplissent sur un champ vaste, immense, illimité. En vous parlant de l'amiante, je vous ai dit qu'on en faisait des mèches qui avaient une durée sans fin, et vous en avez été tout surpris. Que diriez-vous, si vous voyagiez en Asie Mineure, en Chine, où vous verriez des lampes, appelées *lampes perpétuelles,* qui brûlent depuis des siècles, et continueront à brûler très-probablement jusqu'à la fin du monde.

Les Enfants, *stupéfaits.* — Depuis des siècles, Monsieur !...

Le Maître. — Oui, depuis des siècles. Le naturaliste Pline, qui est mort lors de la grande éruption du Vésuve, en 79, cite, dans ses ouvrages, un jet de gaz qui, à cette époque, brûlait sur une montagne de l'Asie Mineure. Or, en 1811, un voyageur français a reconnu et vu cette *lampe perpétuelle,* qui continuait à fonctionner comme il y a dix-huit cents ans.

Emile. — Ne pourrait-on pas arriver à utiliser ce gaz ?

Le Maître. — On le peut en effet, et c'est ce qui a été tenté en Chine notamment. Ce gaz, qui sort de terre, est dirigé par des canaux dans tous les lieux où sa lumière et sa chaleur peuvent rendre quelque service. En un mot, il est traité comme l'on traite dans nos villes le gaz d'éclairage fourni par la houille.

Sans même faire un si long voyage, et en nous transportant seulement sur les bords de la mer Caspienne, nous pourrons créer nous-mêmes de ces lampes perpétuelles, que les gens crédules prendraient, non pour des hommes de feu, mais bien pour des géants de feu.

Aux environs de la mer Caspienne, auprès d'une ville asiatique appelée Bakou, se trouve une vallée couverte de sable. Il suffit de creuser ce sable à une mince profondeur, pour en voir aussitôt jaillir un gaz qui s'enflamme comme le phosphore, et qui donne une lumière bleuâtre, admirable de beauté. Pour éteindre le feu, il suffit encore de le recouvrir de sable, et la vallée reprend son aspect accoutumé.

Que pourrions-nous dire du chauffage maintenant?

Rien, n'est-ce pas?

Émile. — Peu de chose, je crois. Nous connaissons tous le bois, le charbon de bois, que font les charbonniers dans les forêts, la houille et la tourbe que l'on tire de la terre.

Ce sont là les seules matières employées, il me semble.

Le Maître. — Il faut y ajouter le *coke*, c'est-à-dire le résidu de la houille qui a servi à la fabrication du gaz; on le préfère à la houille, parce qu'il brûle sans fumée, sans mauvaise odeur, et produit une plus grande masse de chaleur.

Il est l'heure de nous quitter.... A demain...

CHAPITRE XII.

___

DIVERSES CHOSES.

LE CHIFFONNIER. — LES CHIFFONS. — LE PAPIER. — L'ENCRE A ÉCRIRE. — L'ENCRE DE CHINE. — LA SÈCHE. — LE BISCUIT DE MER. — LES PLUMES. — LES CRAYONS. — LE VERRE. — LE LIÉGE. — LES BOUCHONS. — LES BOUCHONNIERS. — DERNIERS CONSEILS DE L'ONCLE PIERRE.

LE MAÎTRE. — Depuis l'opulent banquier qui joue avec les millions, jusqu'au modeste chiffonnier, qui parcourt les rues de nos villes, les villages, les hameaux et les fermes de nos campagnes, chacun de nous a une mission utile à remplir ici-bas. Et celui qui manque à ce devoir imposé par la nature même, puisque nous naissons tous faibles et incapables de pourvoir à nos besoins les plus indispensables, celui-là est coupable envers Dieu, qui l'a créé, envers la patrie, qui le protége, envers la société, qui l'a adopté comme un de ses enfants.

Il n'y a pas de sot métier, dit un proverbe; et ce proverbe a mille fois raison. — Quelle que soit donc la position où la Providence nous a placés, sachons rester honnêtes et laborieux; nous serons toujours alors aussi respectables et souvent aussi respectés, que si nous occupions les emplois les plus élevés. — Nous serons plus heureux surtout ; car, vous le savez déjà, mes enfants, la foudre et la tempête frappent plutôt le grand chêne de la forêt, que le petit arbuste qui s'abrite sous son feuillage.

Le chiffonnier a un rôle modeste en ce monde, je le répète ; mais il ne nous rend pas moins des services inappréciables ; car c'est lui qui, le premier, contribue à notre instruction, à notre éducation, et, par cela même, à notre bonheur, en fournissant au papetier les matières qui donnent le papier des livres où nous puisons les principes de la science, de la morale, de la religion.

LES ENFANTS, *étonnés.* — Comment, Monsieur, notre papier à écrire se fait avec des chiffons ?

LE MAÎTRE. — Mais oui, mes enfants.

Dans la famille du chiffonnier, tout le monde travaille : le père, la mère et les enfants. Le père est le pourvoyeur ; et rentré chez lui, après des courses toujours fatigantes, il se repose, pendant que la mère et les enfants font le *triage,* c'est-à-dire *démêlent* les chiffons ; et c'est là une opération importante.

ÉMILE. — Et en quoi consiste cette opération, Monsieur ? Je ne comprends pas bien que de petits enfants puissent s'en occuper.

LE MAÎTRE. — Ils s'en occupent et très-sérieusement, mon ami ; car je vous l'ai dit, personne n'est inactif chez le chiffonnier ; chacun a sa besogne, et il y devient d'autant plus habile, qu'il la recommence tous les jours.

Dans un premier tas sont placés les chiffons de toiles fines, de toiles de lin ; ce sont les plus précieux, et ils seront convertir en u beau papier blanc, lisse, épais, appelé *papier de dessin.*

Dans un second tas doivent se trouver les étoffes de chanvre : elles formeront du papier à écrire. Enfin un troisième tas recevra les cotonnades, qui deviendront du papier blanc aussi, mais plus mou, moins consistant.

Le triage terminé, la femme du chiffonnier fait une lessive complète des chiffons, afin qu'ils soient plus vendables.

L'œuvre du chiffonnier est accompli, celle du papetier commence.

Les chiffons sont lavés une seconde fois, afin qu'ils ne conservent plus aucun souvenir de leur provenance.

Puis arrive le travail des machines qui les découpent, les déchirent, les mâchent, les broient, et les réduisent en lambeaux si menus qu'ils ressemblent à la plus fine sciure de bois.

Vient ensuite l'œuvre des meules, qui les triturent à leur tour, mais dans l'eau, et en font une pâte jaunâtre, qu'il faut blanchir.

Le blanchiment opéré, la pâte est étendue en couches minces sur des tamis, où elle s'égoutte, se sèche et forme une sorte de feutre. Des cylindres se saisissent de ce feutre, le pressent, le polissent et terminent enfin la série des manipulations. Le papier est ensuite mis en mains, en rames, expédié aux libraires, qui le revendent enfin aux jeunes élèves studieux comme vous.

Émile. — Les chiffons seuls servent-ils à faire du papier, Monsieur ?

Le Maître. — On en fait avec une infinité de plantes ; et depuis dix ans environ, en Suisse et en Autriche, on a établi un grand nombre de papeteries, qui n'emploient que la paille et les feuilles de maïs pour matière première.

Charles. — Et ce papier a les mêmes qualités que le nôtre ?

Le Maître. — Il lui est même supérieur, parce qu'il est plus fort, plus tenace, plus glacé et plus blanc.

André. — L'encre à écrire, comment la prépare-t-on, Monsieur ?

Le Maître. — Il y a un grand nombre de recettes ; mais la meilleure que je connaisse et qui donne une encre d'un noir tirant sur le violet, se compose des matières suivantes : bois des Indes, qui donne la couleur ; alun, sel qui est un mordant ; gomme arabique et sucre candi, qui la rendent moins limpide et lui donnent un beau luisant. — C'est avec cette recette que je prépare l'encre que j'emploie depuis vingt ans et dont je suis de plus en plus satisfait.

Quant à l'encre de Chine, sa composition est un secret que es Chinois n'ont pas encore livré à nos savants.

Émile. — Cependant on fait en France de l'encre de Chine ;

car celle que nous avons porte le nom de fabriques françaises?

Le Maître. — Je ne prétends pas qu'on n'en fait pas en France ; mais c'est une encre qui porte un nom usurpé ; car la véritable encre de Chine nous arrive directement de la Chine.

Les bâtons dont vous vous servez pour le dessin se composent tout simplement de noir de fumée et de colle forte, et leur fabrication n'est un secret pour personne.

On a fait bien des fables sur les procédés et les ingrédients mis en usage par les Chinois, dans la fabrication de leur encre. Voici ce que racontent à ce sujet des voyageurs et des observateurs dignes de foi.

Dans les mers de la Chine on trouve un être à formes singulières, que les savants appellent *sèche,* mais qui est plus connu sous le nom d'*araignée de mer,* insecte avec lequel il a une vague ressemblance, car il a huit pieds ou bras. La sèche ne possède aucune arme ni offensive ni défensive ; mais Dieu, dont toutes les œuvres sont parfaites, lui a placé dans l'intérieur du corps, près du cœur, une poche remplie d'un liquide extrêmement noir, et lui a enseigné ensuite un moyen très-curieux de s'en servir pour atteindre sa proie, et pour échapper à ses ennemis.

Veut-elle envelopper de ténèbres épaisses le petit poisson qu'elle poursuit? Elle répand son liquide noirâtre; l'eau devient trouble, le poisson s'égare et elle le saisit. Veut-elle aveugler dans sa course le monstre qui lui fait la chasse? Elle opère de même; le monstre s'arrête indécis, incertain, et elle s'enfuit.

Les Chinois, qui sont industrieux, vous l'avez déjà reconnu, ont su exploiter à leur profit cette faculté étrange de la sèche, en s'emparant de la liqueur aussi étrange qui fait son pouvoir.

Ils ont creusé des bassins, les ont remplis d'eau de mer, ont pris des sèches, les ont déposées dans ces bassins, et en ont fait leurs très-humbles domestiques.

Charles. — Mais comment forcer les sèches à jeter leur liquide noir?

Le Maître. — Très-facilement; il suffit de piquer, de harceler

l'animal, qui croit alors avoir affaire à un ennemi, et qui, pour
s'en débarrasser, a recours à ses ressources ordinaires : le liquide coule donc à flots ; les Chinois le recueillent dans des vases
tout prêts. Ils le soumettent ensuite à une certaine chaleur
qui fait évaporer l'eau, et avec la matière noire ainsi purifiée,
ils font de l'encre de Chine.

Ce que l'on nomme à tort *biscuit de mer*, et que l'on suspend
dans la cage des oiseaux pour leur aiguiser le bec, est l'os unique de la sèche.

ÉMILE. — Voulez-vous nous dire aussi comment on fait les
crayons et les plumes ? Ce sont nos outils : il faut au moins que
nous sachions le travail qu'ils exigent.

LE MAÎTRE. — Les plumes d'oies sont fournies par l'oiseau
que vous connaissez. Elles ont été pendant de longs siècles les
seules en usage ; car il n'y a pas quarante ans que l'on fabrique des plumes d'acier. Pour débarrasser les plumes du corps
gras qui les recouvre et qui empêche l'encre de s'y attacher,
il n'y a qu'à plonger les tuyaux dans un bain de cendres
chaudes ou de sable, et les gratter ensuite avec l'ongle, ou les
frotter avec un morceau de laine.

Pour faire les plumes d'acier, on prend une planche d'acier, à
laquelle on a donné l'épaisseur que doivent avoir les plumes.
On divise cette planche en bandes, qui ont environ le double de
la longueur d'une plume. A l'aide d'un emporte-pièce, un seul
ouvrier peut alors découper 300 plumes à la minute. Ces plumes
brutes sont ensuite livrées à d'autres mains, qui les percent, les
fendent, les arrondissent, abattent les arêtes, et enfin les terminent.

Ce sont des opérations délicates, qui exigent une grande
habitude. Et que d'ouvriers occupés à un si petit objet !... Mais
c'est par milliards que les fabriques expédient les plumes.

On croit généralement que le plomb entre en grande quantité dans la matière appelée *plombagine*, qui forme les crayons :
c'est une erreur, la plombagine ne renferme aucune parcelle de
plomb. C'est une substance que l'on rencontre en terre et qui
est assez rare ; mais ici, l'homme encore a su imiter la nature.

Un Français, M. Conté, a inventé une plombagine artificielle qui a les mêmes propriétés que la plombagine naturelle, et qui même est préférable à celle-ci, parce qu'elle peut être rendue plus ou moins dure et plus ou moins noire.

La plombagine, sciée en minces filets carrés, est fixée ensuite au moyen de gomme arabique dans les petits étuis que vous connaissez, et qui sont préparés, de même que les filets de plombagine, à l'aide de machines mues par l'eau ou par la vapeur.

ANDRÉ. — Emile a désiré connaître la fabrication des crayons et des plumes ; je vous demanderai à mon tour de nous expliquer comment se fait le verre de nos encriers.

CHARLES. — Et moi, Monsieur, les bouchons de ces encriers.

LE MAÎTRE. — Voilà que j'ai de la besogne taillée ; je ne dois plus craindre le désœuvrement.

LES ENFANTS. — Oh ! Monsieur, nous voyons bien tous les jours que vous n'êtes jamais désœuvré ; quand un travail est achevé, vous savez bien en trouver un autre.

LE MAÎTRE. — L'invention du verre remonte à la plus haute antiquité ; car Moïse lui-même en parle. Mais l'usage en était très-restreint, et on en faisait des coupes seulement. Ce n'est que bien des siècles plus tard qu'on a commencé à s'en servir pour garnir les fenêtres.

Les plus importantes verreries de France sont : Saint-Gobain, dans le département de l'Aisne, et dont la création a eu lieu sous Louis XIV. Elle occupe en temps ordinaire sept cents ouvriers ; — Le Creuzot, près du Mont-Cenis, établi en 1784 ; Saint-Louis, dans la Moselle ; Choisy-le-Roi, près de Paris ; Baccarat et Cirey, dans la Meurthe. Ce dernier établissement a été fondé en 1817.

Le verre est formé de diverses substances fondues ensemble à une température très-élevée, supérieure même à celle de nos forges et de nos fourneaux. Parmi ces substances, je vous citerai le grès, le sable, le quartz, la soude, la potasse, la chaux..... que vous connaissez parfaitement.

Ces matières premières sont mises en fusion dans de grands creusets en argile très-réfractaire, c'est-à-dire qui résiste à l'ac-

tion du feu. La hauteur des creusets varie de cinquante centimètres à un mètre, et, suivant ses dimensions, chacun d'eux
peut recevoir de 300 à 600 kilog. de matières.

On obtient ainsi la *fritte* ou verre brut. La fritte purifiée
par le feu encore, est ensuite colorée, puis moulée, c'est-à-dire
convertie en encriers, bouteilles, fioles, etc., etc.

A Charles maintenant.

Beaucoup d'encriers se ferment avec un simple chapeau de
cuivre ; est-ce de ce bouchon que vous voulez parler ?

CHARLES. — Non, Monsieur, je veux parler du bouchon de
liége qui me sert à moi, et qui ferme beaucoup mieux que ceux
de cuivre ou de verre.

LE MAÎTRE. — Vous savez déjà que le liége est l'écorce d'un
arbre appelé *chêne-liége*, qui croît en Italie, en Espagne et surtout en Algérie, où nous en possédons des forêts qui ont une
étendue de plus de trois cent mille hectares.

EMILE. — Exploite-t-on ces forêts, Monsieur ?

LE MAÎTRE. — On a commencé il y a quelques années, et il
faut bien espérer qu'avant peu de temps, elles nous fourniront,
et davantage, le liége nécessaire à notre consommation, et sous
ce rapport, du moins, nous ne serons plus les tributaires de
l'Espagne.

Le chêne-liége affectionne les sols siliceux ou sablonneux, et
se plaît surtout sur les bords du bassin de la Méditerranée.

ANDRÉ. — Faut-il qu'il soit arrivé à toute sa croissance pour
qu'on puisse l'écorcer ?

LE MAÎTRE. — Cela n'est pas nécessaire, et dès l'âge de vingt
à vingt-cinq ans il commence à donner des produits. On enlève alors la partie *extérieure* seulement de l'écorce, en ne pénétrant pas jusqu'aux bois. Ce n'est là qu'un liége inférieur,
appelé *faux liége*, qu'on utilise néanmoins en en faisant des
bouchons de peu de prix, et d'autres objets communs.

ÉMILE. — Pourquoi donc ne pas attendre que l'arbre soit
mieux formé et donne du vrai liége ? Il me semble qu'on y
gagnerait beaucoup, puisque cette première récolte a peu de
valeur.

LE MAÎTRE. — Cette première récolte, mon ami, n'est pas faite pour le profit qu'on en retire, mais uniquement pour préparer la beauté et la bonté des récoltes qui viendront plus tard.

A mesure que l'écorce de l'arbre est enlevée, on la transporte dans des ateliers, où elle est ramollie au feu et à l'eau bouillante. On la met ensuite en presse pour l'aplatir, puis elle est coupée en tranches plus ou moins larges, selon les usages auxquels on la destine.

CHARLES. — Et les bouchons, comment les fait-on?

LE MAÎTRE. — Les tranches de liége sont enfin taillées à la longueur et à l'épaisseur que l'on veut donner aux bouchons; mais comme elles sont *carrées*, elles sont livrées au *bouchonnier*, qui les arrondit à la main, et un à un.

LES ENFANTS. — Il ne doit pas alors en arrondir beaucoup dans un jour, s'il est obligé de les prendre les uns après les autres....

LE MAÎTRE. — Mais de douze à quinze cents seulement; et à ce travail il gagne dix francs par jour.

LES ENFANTS. — Un seul ouvrier arrondit quinze cents bouchons dans un jour!

LE MAÎTRE. — Rien n'est plus vrai....
Personne n'a plus de questions à me faire?
A mon tour alors je vais vous adresser une prière....

LES ENFANTS. — Oh, Monsieur, elle est exaucée d'avance.
Nous vous devons tant de reconnaissance, pour ce que vous nous enseignez!

LE MAÎTRE, *très-ému.* — Lorsque mon oncle Pierre, dont vous connaissez l'histoire, se vit sur le point de mourir, comme il avait conservé toutes ses facultés, il me fit venir près de lui et, me serrant la main, il me dit : « Victor, je vais rejoindre au » Ciel ton père et ta mère. Au moment de quitter la terre, je » le vois mieux que pendant les nombreuses années de mon » existence, *le bonheur n'est qu'en Dieu.* Aie foi en la parole » de ton vieil oncle, d'un vieux soldat, mourant en chrétien. » Dans le cours de ta vie, si quelqu'un vient à toi et te dit » qu'il n'aime pas Dieu, mais qu'il aime sa famille, ne le crois

» pas : c'est un fourbe, un imposteur. Si quelqu'un vient à
» toi et te dit qu'il n'aime pas Dieu, mais qu'il aime sa patrie,

Fig. 17. — Mort de l'oncle Pierre.

» ne le crois pas : c'est un hypocrite, un menteur. Car la
» religion, la famille et la patrie sont trois principes éternels,
» qui s'enchaînent entre eux comme trois théorèmes de géomé-
» trie : supprime le premier, les autres n'existent plus... »

Eh bien, mes enfants, avant de nous séparer, la prière que
j'ai à vous adresser, c'est de graver dans votre esprit les dernières paroles de l'oncle Pierre, le vieux garde forestier, le
vieux soldat :

DIEU, LA FAMILLE, LA PATRIE.

TABLE DES MATIÈRES.

———

SAINT-CLOUD. — IMPRIMERIE Vᵉ EUG. BELIN ET FILS.

RAPPORT   14

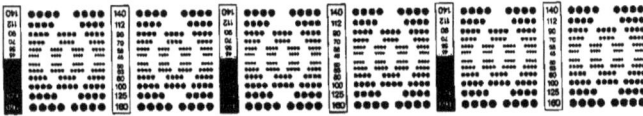

MIRE ISO N° 1
NF Z 43-007
AFNOR
Cedex 7 - 92080 PARIS-LA-DÉFENSE

379.69.70
graphicom

1   10

www.ingramcontent.com/pod-product-compliance
Lightning Source LLC
Chambersburg PA
CBHW070812290326
41931CB00011BB/2199